浙江·泰顺·南浦溪

## 《时间的记忆——库村口述历史》编委会

# 时间的记忆

# Memory of Time

库村口述历史

库村口述历史编纂委员会——编

中国文史出版社
CHINA CULTURAL AND HISTORICAL PRESS

**图书在版编目（CIP）数据**

时间的记忆：库村口述历史 / 库村口述历史编纂委员会编 . -- 北京：中国文史出版社，2022.12

ISBN 978-7-5205-3963-0

Ⅰ . ①时… Ⅱ . ①库… Ⅲ . ①村史—泰顺县 Ⅳ . ① K295.55

中国版本图书馆 CIP 数据核字 (2022) 第 215741 号

责任编辑：赵姣娇

**出版发行：中国文史出版社**

社　　址：北京市海淀区西八里庄路 69 号院　　邮编：100142

电　　话：010-81136606 81136602 81136603（发行部）

传　　真：010-81136655

印　　装：温州市北大方印务有限公司

经　　销：全国新华书店

开　　本：787mm × 1092mm 1/16

印　　张：18.25

字　　数：404 千字

版　　次：2023 年 3 月北京第 1 版

印　　次：2023 年 3 月第 1 次印刷

定　　价：68.00 元

# 目录

01 序言

02 史略

03 村落

## 古民居

## 人物

## 日常与技艺

## 后记

# 序言

# 让历史映照未来

库村是浙江泰顺东北部的一个古老村落，唐时就有先民居住。中唐时期，包全和吴畦先后携家人一路跋涉，翻山越岭，只为在乱世之中，为自己和家人寻得一处安身之地。此后，他们的后代繁衍生息，逐渐形成了两大宗族聚居一个村落的格局，距今已有一千两百多年历史，其间包、吴两族虽一直有族人迁出，并历经战乱、自然灾害，但库村作为他们的祖地，始终有族人留守，正是这些族人的代代留守，使他们先祖的家园不曾被漫漫时光湮灭，也使库村作为一个古村落，有着其他村落没有的时间和空间的完整性与延续性。

这种完整性与延续性体现在：1. 与泰顺大多数古村落要么已经被荒弃，要么已经被当代建筑所“侵占”与替代不同，库村的古建筑基本得以保存；2. 与泰顺大多数古村落已经少有人居住不同，库村依然是一个“活态”的古村落，有人居住，有人生活。

但库村也同样面临自己的问题：1. 虽然它依然是一个活态的村落，但村中所居多为老人，随着这些老人的逐渐过世，如果没有人为的干预与努力，它必将也面临被“荒弃”的命运；2. 库村的古建筑，近年在政府的大力干预下，得到了很好的维护与修葺，但如果这些古建筑没有得以很好的应用，其中一些或将失去物理上存在的意义。

《时间的记忆》库村口述历史采集工作的开展，正是基于上述种种因素。2021 年 11 月，浙江省泰顺县南浦溪镇政府委托任中亚、翁彧两位作者开始了库村古村落口述历史的先期探研，阅读了相关的当地文史资料以及库村古村落两大住民——包氏与吴氏家族涵盖千年历史的各版本族谱，大致梳理了包氏与吴氏迁居泰顺及此后在库村古村落繁衍生息的脉络，在这个基础上，历时数月，进行大量的田野调查，采访口述历史的主要讲述人，并走访相关村民，与他们交流，力图通过将他们的回忆与史料相结合的方式，尽可能真实地“还原”与“再现”久远或仍依稀

保存于村民记忆中的历史，这些历史包括家族的遭际、建筑的故事、时代的变迁、个人的身世与经历，以及与人的生活息息相关但如今已渐渐式微或已消失的手作与民俗文化等等，力图为库村保存一份鲜活的历史。因为对于现在或未来，经历时间淘洗的所有种种不仅有物理上存在的价值，更重要的是文化上和传统美学上的存在价值。

在这个意义上，库村口述历史所做的，关乎历史；所观照的，是现在和未来。未来我们希望这个古村落能在保存自己的传统及文化的前提下，焕发新的生机。

库村古村落口述历史，我们为之定名《时间的记忆》，旨在表达时间与能够感知时间的人类之间的奇妙关系。与动物不同，人类可以通过文字、口传以及记忆的方式“保存”时间，这种保存，却又不是完全依照事实的真相，而是经过了人类记忆的有意无意地“筛选”以及“删除”，乃至“增添”“作伪”…… 在这个意义上，“时间的记忆”成了一件可追不可求的事情，今人如我们，深感在时间这幽深玄妙的“名词”面前的微渺，却也在“追索”的过程中，体会到一些“与时间抗衡”的乐趣。

需要说明的是，所完成的口述文本，都经由口述者核对校正，其中涉及历史及专业方面的内容，也尽力查阅资料或走访、求证相关人士及专家，但由于条件所限，未免仍有错谬及待考之处。

另外，本口述历史是通过与口述者对谈的方式完成，我们在整理录音后得到的原始文本基础上，略去采访者的提问，对口述中的部分内容如重复、语义不详或与主题不相关的“闲言”进行删除，并根据时间顺序、逻辑、访谈主题等重新梳理，以口述者自述的形式呈现。

除考虑阅读通晓顺畅，适当调整部分字词外，不对口述内容做文学性的润色，力求保留口述者的语言习惯和讲述风格。尤其是用方言讲述的口述记录，活泼而生动地再现了当地古老方言的魅力，文本也一并忠实再现，其中一些与现代用词差异较大难以理解的方言，则通过注解的方式释义。其他一些与口述内容相关的历史背景资料、注解、说明及其他必要的描述内容均通过括号内文字和“注”以及附图的文字说明等方式体现。至于口述者因为记忆上的错误而产生的时间、地点、人名及其他相关内容的偏差，一些在求证之后直接在文本修正，一些则通过注解修正，以避免对文本造成不恰当的损害。

库村口述历史编纂委员会

2022 年 10 月

# 史略

# 包氏迁居库村及繁衍概略

# 写在前面

泰顺山水迢遥，古远以来便是人类逃避战乱的安身之地，或是高士保守节操的避隐之地。虽避隐，却具现实性与人世温暖：避隐之人并非弃家修道之人。避隐之人寻得清静之地，垒墙筑屋，日升而作，日落而归，享天伦之乐，而耕读传家。

库村包氏始祖包全公的经历便是如此。

806年，包全带着年仅2岁的儿子开始了长达6年的迁徙流离，从江苏出发，先去了浙江钱塘，再到会稽，直到811年，才在安固库村卓小阳（即今南浦溪镇后坪村）定居。

包全公在卓小阳安居之后，从此远离纷争与骚乱，垦荒种植，过着安定和乐的生活，在这个过程中，他的孙子包瞿出生，宽慰着他饱经沧桑的心灵。所以在他生命最后的时刻，他回顾了自己的一生，写下《肇迁库村自序》，文中说：“委此而终老其间，陶然自乐其乐。”写完这篇《自序》不久，包全公告别了人世。时年91岁。

如今，包全公在库村的血脉已延续至41代。

〔注〕按《库村包氏家乘》：包全，字子周，行荣十三，登贞元乙丑第，迁征事郎，终福州长溪知县，元和初年由会稽流寓永嘉，再至安固库村卓小阳居焉。

访谈对象：包其宣

访谈时间：2021 年 11 月 29 日、12 月 3 日

访谈地点：南浦溪镇库村

包其宣，南浦溪镇库村人，为包氏迁居库村的始祖包全公第 38 世孙，现年 65 岁。包其宣在库村出生。成长，经历过贫苦的少年时期，担任过乡里的杂交水稻制种技术员，也曾与人合作种植香菇。因热心宗族事务，在 1980 年版的《库村包氏宗谱》出现大量错误的情况下，牵头并与其他族人一起担任族谱重修的工作，1998 年顺利完谱。此后，又于 2010 年成为包氏宗祠重建的首事之一。

本口述旨在通过包其宣的口述，将包氏在库村的历史做一个大概的梳理。其他有关包氏宗族在库村繁衍生息的更多内容将在此后相关口述中展现。

文中参阅了多种版本《库村包氏宗谱》中的内容并摘录必要部分作为补充和注解，以便与口述内容相互印证，其中存疑部分，欢迎有识之士鉴审。宗谱内文字均无断句，摘录内容的标点符号为采访整理者所加。为方便阅读，包其宣的口述内容为宋体字。

# 始祖包全公迁居库村史

我叫包其宣，今年 65 岁，1957 年生。“其”是我的行辈，按照我们包全公迁到这里来算起，我是第 38 代。现在库村我们包氏已经传到了第 41 代。

我们包全公是811年的时候迁过来的，算起来有1200多年了。包全公是从福建长溪迁过来的。

〔注〕按《库村包氏宗谱》所记，包全公生于唐天宝六年（丁亥），即公元 747 年，迁到库村的时候为 65 岁。（文中凡提及年龄，均为虚岁，下同）

家谱记载他的儿子只有一个，孙子也只有一个。儿子叫包福，孙子叫包瞿。

〔注 1〕包全公在《肇迁库村自序》中仅简单写道：“子生于福故名福，孙一人曰瞿。”后来我们看到浙江乐清市芙蓉包宅包应玉和浙江文成县桂山凤狮包学冠合著的《包全公序之研讨》，阅读全文，发现包全在58岁时才生子包福，因彼时他正在福建任职，所以为儿子取名“福”。

〔注 2〕包应玉和包学冠在文章中详细叙述了包全公在福建长溪任职及谢事的经过，文笔严谨，考证翔实，我们征得作者本人同意，摘录相关片段：

贞元二十一年（805）正月，德宗去世，太子李诵（顺宗）继位。王叔文领导的改革开始。包全公于该年三月升官，上福州长溪县令。宦官首领俱文珍勾结大官僚实行政变。七月，以顺宗久病为由，宣布由太子李纯监国。八月下诏禅位。王叔文和他的同道被贬，其中柳宗元被贬为永州司马，改革运动完全失败。全公也恰在此时丢了官。若是当年八月丢官，那么他在长溪只当了五个多月的县令。第二年，王叔文被处死，全公亦开始了“流寓”生活。全公的升官、丢官、“流寓”，与改革派的命运为何如此息息相关？看来，全公应是改革派一分子，至少是

包氏大宗祠外观

被改革派所器重的人。

包全公到泰顺，最先在卓小阳落脚。

〔注〕卓小阳也写作“卓小洋”，即如今的南浦溪后坪村。

我们这里有个庙，庙里有包全公、夏太一、吴畦公和卓相公的像。可能我们包家刚开始迁到卓小阳的时候，有姓卓的人住在那里，后来没了。我们尊他为地主，所以也祭拜他。

吴家896年迁到这里。吴家迁来之前，夏家也迁到了附近的莒江。

〔注1〕吴家的库村始祖吴畦公于896年迁到库村卓家庄（吴畦公的生平及迁居库村的经过在另一篇口述详述，此略）。

〔注2〕据雷全勉主编的《泰顺历史人物》一书所述，夏仁骏原籍会稽山阴（今绍兴），其父太一，文武兼备，唐懿宗咸通元年（860）赐武状元，授防御使。僖宗中和五年（885）董昌横暴，太一以义力争，不幸被害。骏痛父屈，又值世乱，便南下至安固五十七都莒江觅地隐居，繁衍生息。

莒江与库村相距不远，包夏两家相互间应有走动，因为包全公的孙子包瞿所娶便是夏氏。此夏氏应该是夏仁骏的族人或后人。按《泰顺县地名志》，夏仁骏于881年由祖籍会稽迁居安固白云山下岙底（即今莒江下村）。待考。

〔注3〕包全公于唐开成二年（837）去世，享年91岁。

## 包全公后裔的迁居及考取功名

包家是从第五代开始往外分迁的。

第四代的时候包家有三个儿子：大英、大赠、大盈。其中大赠的后代没有续下去。大英生三个儿子，大盈也生三个儿子。他们自己或后人分别搬迁到本县的包坑湾底、筱村西岙、包垟（后迁居文成三洋）、南峤和丽水的青田等地。

留下来的是最小的。我们叫他高达公。

高达公就是我们库村这一脉的始祖。他生一个儿子。他的儿子又生了四个儿子。

〔注1〕此处所提“库村”指的是现在的南浦溪镇库村古村落，而非旧时的“库村”。旧时库村泛指由群山环抱，十一条小溪汇聚的大片谷地。这片谷地包含了现今的库村古村落、包全迁居到此定居的卓小阳以及包全孙子包瞿迁居的钱仓等地。

按包氏宗谱《始祖全公肇迁库村自序》：“南拒闽，北至栝，奥区亘袤数百里，至库以为最，畴昔盖未有闻也，乃税驾而居。”

包全公像

〔注 2〕钱仓位于库村古村落西南方，该村西南一列小山曲折盘绕，形似谷仓，故名。后钱仓改名为“新仓”。按《库村包氏宗谱》，包全公孙子包瞿从卓小洋搬到钱仓，彼时为后唐。

**包家什么时候迁居到库村，我就不太清楚了。**

〔注〕我们翻阅包涵所编撰的《库村包氏家乘》时，发现了相关线索，包全的孙子包瞿于唐乾符五年(878)从卓小阳迁居到钱仓,之后,包全公第 12 世孙包宏元从钱仓迁到“中村正主山下”。

查《库村包氏宗谱》的古地图，“中村”所在地址即位于今库村古村落。由此推测，包家子弟中的一支于宋朝年间迁居今库村古村落。当然不能肯定彼时只有包宏元迁入。彼时包家家族已经传至第 12 世，枝叶繁茂，不排除包宏元之前或同时也有同宗族人一起迁入，但《库村包氏宗谱》未见有记载。

**包全公留在库村的这一支，到了第 11 代开始有了功名。**

〔注〕按《包氏库村宗谱》，包全公第 11 世孙包效登宋开禧乙丑第，官广州南海主簿，历授承直郎，迁循州通判。他的儿子便是从钱仓迁往中村正主山下即今库村古村落的宏元公。

**后来又有一个包湉公。我们库村附近不是有个“三友洞”吗？“三友”里面就有一个是包湉。**

〔注 1〕包湉、吴驲及吴泰和三人未出道前及致仕后皆生活在库村，吟咏唱酬，交往密切，世称“三友”。

锦绣谷位于库村东三里的蒲洋水尾金谷庵山。包湉在《锦绣谷记》中写道：“梅竹散植，古松旁挺。君取岁寒三友之义，曰‘三友洞’。集宾友徜徉其间，或憩石上，或坐洞中。围棋者丁丁然，鸣琴者嘤嘤然……”

据泰顺《分疆录》载：“崖高十数丈，崖下旧有书室，为宋进士吴驲、吴泰和、包湉讲学处。崖右有石洞，半岩上镌‘锦绣谷’三大字，字约三尺余；洞旁镌‘三友洞’三字，字约二尺余，绝类鲁公笔意。”

〔注2〕包淅为包全公第13世孙，与宏远公是叔侄关系。包淅号紫崖，宋嘉定九年丙子举，江南漕举类试科，任宜新差，官永州州学教授。包淅是包氏族人中文名最盛的人物，留下不少佳作。按《库村包氏宗谱》，包淅的姑姑嫁给吴子益为妻，吴驲即吴子益的儿子，所以包淅与吴驲是表兄弟。

吴驲去世后，包淅还应吴驲儿子的托请，写了一篇《为武经大夫吴公驲行状》。按例先简述了吴驲的生平，最后一段写吴驲的离世，颇有意味，摘录如下：

晚年心地圆明，往往由空入悟。有剑岩峭立，古松十寻，一日公乘笋舆晚过松下，月透东山，遂赋松月之句，曰：予悟境也。归。谓其子曰：我将西归矣。身后诸事毕具，而公饮食起居如故。越三月，黎明朔旦，溘然而逝。

清乾隆版的大安包氏族谱，部分缺损

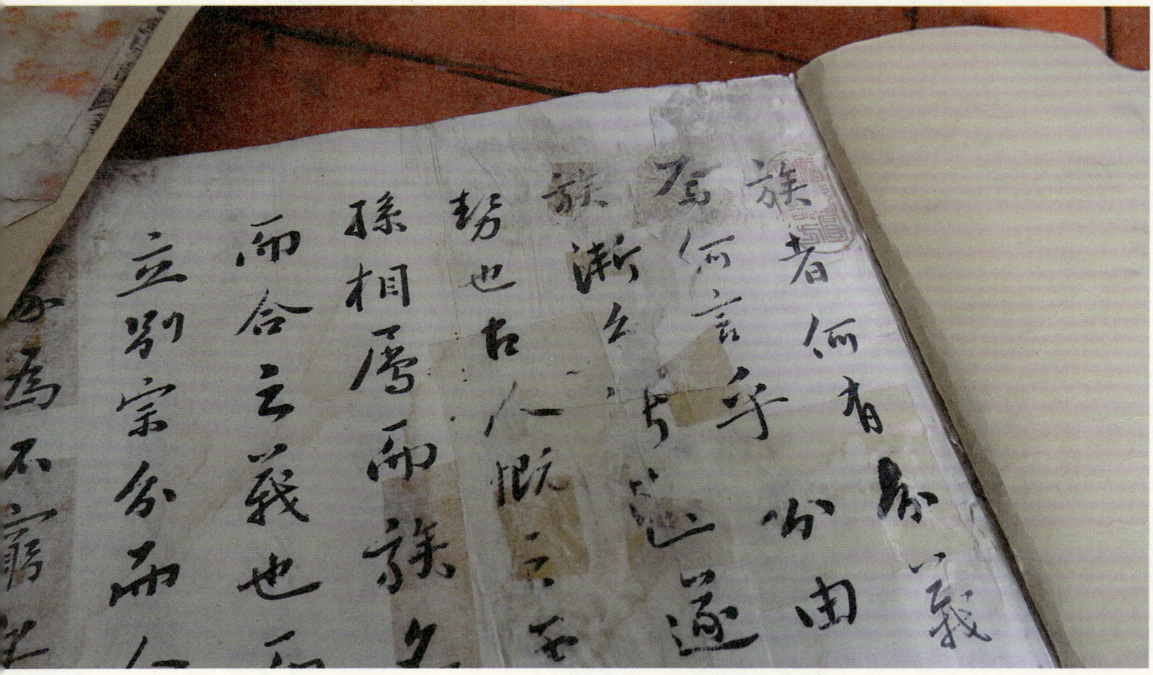

〔释义〕

1. 行状，也称“行述”。叙述死者世系、生卒年月及生平事迹的文章，常由死者门生故吏或亲友撰述，留作撰写墓志或史官提供立传的依据。

2. 古松十寻之“寻”为古时计量单位，八尺为一寻，一寻约为现在的2.67米。

3. “笋舆”，即竹舆，用竹子编成的轿子。清代赵翼《山行杂诗》：“我老不能行，笋舆代步履。”

还有一个秀实公，是包湉的堂兄弟。

〔注1〕秀实公为包全公第13世孙，号肖崖。按包涵所考，秀实公从诸科起家，官至九江府通判。他的儿子包泰初官秘书省校勘。

〔注2〕此后，包全公在库村这一支的后裔绵延不断，从唐而宋而元。到了包全公第17世孙鞑鞀，则已经到了元末。鞑鞀年纪轻轻就颇有识见，性情豪迈，明洪武辛酉（1368）年间，山寇叶丁香作乱，罗阳王师来清寇，准备把那些与山寇有牵连的乡民都一并杀了，鞑鞀公“惧玉石之俱焚”，带领乡民去请愿，结果官府还真因此饶了相关乡民性命。“时吴、林、叶、陈、夏诸姓赖以存活者凡数百家”。鞑鞀公也因此受到“安远侯韩”的赏识，“命为营局主”。

鞑鞀生四子，第四子君璧生一子昆保，昆保才3岁，君璧就被仇家所害，早早过世。昆保的母亲吴氏夫人保守贞节，将昆保抚养长大，昆保生了七个儿子（其中三个儿子失名），将父亲的血脉很好地延续下去。如昆保第三子朝珉建了包氏在库村开宗以来第一座社学。朝珉为包全公第20世孙。

到了包全公第二十世孙的时候，包家子孙又开始了分迁。现在我们包氏在浙江的分支有文成、永嘉、乐清等地的。

〔注〕按《库村包氏宗谱》，自包全公第五世孙开始往外分迁之后，留下的高达公这一支到了孙子辈又开始往外分迁，此后只要某一世子孙繁茂，总有其中一两支往外分迁。而20世孙朝珉的幼子惟阔这一支则留在了库村。惟阔生五子，分别立为柏、松、竹、梅、兰五房。

如今库村包宅包氏大多为柏房派下子弟。如在清朝同治年间修谱的包涵，他的祖先就是柏房的元纳。而本口述者包其宣的第五世祖，即是包涵。

包公紀念館

包氏大宗祠戏台

## 宗谱的没失、重修

我们现在手上的宗谱最古老的是清代的，算起来有 100 多年了。

〔注〕库村包氏这本最古老的宗谱为包全公第 33 世孙包涵主持所修。包涵生于清嘉庆丁丑年，卒于清光绪丁亥年。完谱时间为清同治元年（1862），距今 159 年。

听祖上说，200 多年前，我们的宗谱被烧了，包涵公去大安那边查旧谱，可能那时候宗族有自己的老规矩，宗谱可以给你看，但是不给你抄。他当时记不下来的就缺字，所以老谱的谱头有很多的空格。

〔注〕老谱指的就是包涵所修的清同治版《库村包氏家乘》，目前仅存的一本保存在蒲阳包立效家中。当年为了躲过红卫兵的搜查，包立效的长辈在谷仓多砌了一道墙，将宗谱藏在夹壁中，才将宗谱完好地保存下来。

1998年我们重修家谱的时候，去过大安，那时候大安就很干脆，把家谱借给我们看。我们就把那些空缺的字都补上了。

〔注〕包涵修家谱的时候，虽然已经娶了续妻曾氏，但彼时曾氏尚只生一子，所以同治版本的《库村包氏家乘》只记载原配生四子，续妻曾氏生一子。到了1998年版《库村包氏宗谱》，则包涵共有6子。可见做完宗谱之后，曾氏又为他生了一个儿子。

包涵在修谱的时候，本着认真求证的态度，厘清了他所能找到的旧谱中的疑点，纠正了错误，其不为祖宗讳的实事求是的态度，令人钦佩。他的生平事迹将在未来关于“食德堂”等相关口述中展现。

大安的包氏，就是从我们库村这里分出去的。他们那边的行辈跟我们这边的基本贴近，他们那边有48代。比我们多7代。我们现在是传到了41代。可能是我们的宗谱哪里漏了记，但是不知道是在哪几代。

分支出去了如果没有保持联系，就只能各自定排辈的字。这个排辈的“字”是族里有文化的人来定的。比如我们这几辈的字是“立国长发，其祥邦家”。1980年做家谱的时候，我们包家几个有文化的人就加了后面的排字，“繁荣昌盛，百世奕芳”。

〔注〕“立国长发，其祥邦家。繁荣昌盛，百世奕芳”的排辈是指库村这一族。

南峤离这里不远，只有十里，走路只有一个小时，但是以前也没怎么来往，排辈的字也就不同。

〔注〕按《库村包氏宗谱》所述：“高昭公与弟政公、达公渔于南溪，构茅而居，以其地水清沃，拟迁居于此。既而居屋灾，政公恶其不利，与达公仍归库村，而昭公遂长为南溪人。”此后政公的后人迁往青田。

现在我们又开始来往，大家想统一起来。

〔注〕2017年，全国包氏统辈研究小组经过全国包氏宗亲会研究讨论，确立了全国行第。“是为了包姓子弟出外做生意或做任何事时，碰到姓包的有一个称呼。”目前全国包姓行第已经排到了第70代。

我们1986年的时候做过一本家谱，但是里面太多错了。1998年重新做。这个事情是我打头的。

我们包家的包超庸老师，他跟我说，1986年圆的家谱，错得不得了。我说那你在错的地方夹个小纸条。他说夹在那里会掉下来，太多错了。他说这是我们祖宗的文化的东西，如果不重新做，人家会说你包家没有能人，没有文化人，是吧？

后来我们就去集资，重修宗谱，才有了1998年的那本。

〔注〕包超庸为包全公第36世孙，1923年生人，2014年去世。包超庸在温州师范学校时师从弘一法师的高足李鸿梁（美术）、刘质平（音乐），毕业之后在泰顺从事教育工作。

所以我们库村现在有三个版本的家谱。同治年的一本，1998年的一本，2018年的一本。1998年和2018年这两次修家谱，都是我们几个族人在负责具体操作。

我们到每家每户去登记、收钱。问他上辈老人有没有过世的，有过世的就要登记哪年哪月哪时死。娶哪姓媳妇，哪里娶过来的。后代有没有新的出生。登记之后，把做家谱的先生叫过来做谱，他做完拿过来给我们，我们又要每家每户去对过。有没有错，万一错掉呢？确定了再给他（指做家谱的先生）拿去印刷。

〔注〕纂修宗谱的人不一定非是族内子弟，因为编修宗谱需要相当的专业知识及技能。如1998年版的《库村包氏宗谱》，就是邀请浙江苍南水头人士李培清来担任纂修工作。

修谱是有规矩的，家谱里面规定，辈分要排下来；家谱只准你看不准你在上面乱写，不准你改，什么样子就是什么样子……

〔注〕这些规矩列在《库村包氏宗谱》的《凡例》，此摘第一条和最末一条："谱法遵瓯苏之式，以世为经，以人为纬，五世一提，九世再提，取五服九章之义"；"谱完成后，凡有生卒年月不得向图中妄自填注，盖修谱之年有所起，有所止，不可乱也"。这就是为什么包涵修完谱后，虽然又生了一个儿子，但并未加入宗谱中的原因。

现在可以印刷，我们就可以有很多本家谱。如果族人想要一本，也可以买去保存。过去用手抄的话只有一两本，所以烧了就没有了。

我们圆谱的时候，办了四五十桌酒席，把所有

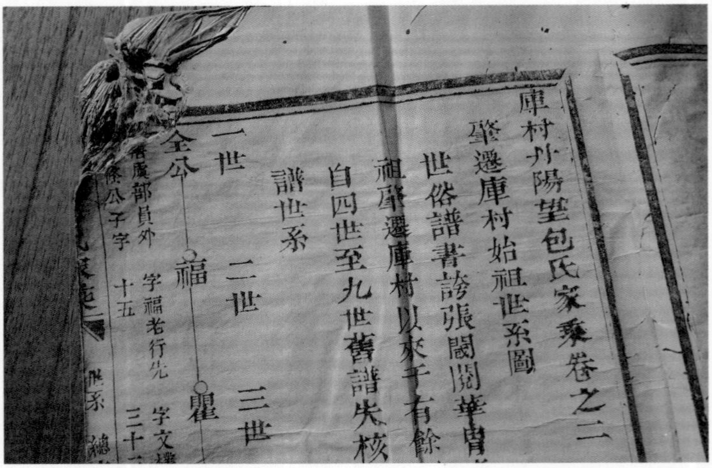


清同治年间包涵主修的《库村包氏家乘》

温州地区包家宗祠的代表都请过来。

圆谱要挑日子。根据我们包姓和金木水火土的关系，来定对我们吉利的日子。

〔注〕按《库村包氏宗谱》，上党郡丹阳堂包氏五行五音羽音属水。五音是古代音律，一般指五声音阶，按五度的相生顺序，从宫音开始，依次为宫、商、角、徵、羽。五音又与五行相对应：宫音属土，商音属金，角音属木，徵音属土，羽音属水。

圆谱的仪式在包氏宗祠举行，要叫先生（指道士）过来做法事，祭谱。

## 包氏大宗祠的重建

我们包氏宗祠最早是宋朝建的，以前是在广度寺那边。

〔注〕包氏大宗祠始建于北宋，明嘉靖年间与广度寺一起毁于大火。清道光戊戌年间（1838）在今南浦溪镇中村重建大宗祠。

清朝重建的宗祠，“文化大革命”的时候拆掉了。改建为学校。其实没拆之前也是当学校用的。我就是在那里读的书。

〔注〕包氏大祠堂于清光绪癸卯年间（1903）开始办学校。民国庚午年间（1930）增办高级小学，直到1970年“文革”期间办新山中学。后拆宗祠改建为新山中小学。

宗祠拆掉改建学校的时候，原来放在祠堂里的那些祖宗牌位全部都烧掉了，没有了。

2007年学校搬迁后，那里就没人管了。2008年楼梯头烧起来也没人管。我们就想，把它拆掉重新盖。

当时吴家盖祠堂，夏家也盖祠堂。夏家的祠堂在莒江那边，是老祠堂拆了重新盖；吴家也要盖。

我们也就开始筹备重建了。

祠堂从2011年4月开始动工。到2012年8月，屋架搭好。2012年12月，瓦片盖好，地坪搞好。

2013年正月初十宗祠落成。我们请了浙江省内各地包氏宗祠的代表来参加落成仪式。

〔注〕重建的包氏宗祠占地面积1800余平方米。2013年正月初十落成，2013年十二月十三日祖像开光入祠。祠堂坐北朝南，正殿两层七间，两边横轩七间，前殿设为戏台，仿唐建筑，砖木结构。

# 吴氏迁居库村及繁衍史略

# 写在前面

库村始祖吴畦公的祖先可以远溯至周朝的泰伯。泰伯为周太王长子，因周太王喜欢三子季历及季历所生之子姬昌，流露出期望传位于姬昌（即后来的周文王）之意，泰伯便与二弟仲雍避走荆蛮之地（即今江苏一带）。周太王过世，泰伯与弟仲雍回国奔丧，为避“传位于长子”的古俗，葬礼结束后兄弟俩再次远走江苏。后泰伯自立为君，建国吴。

泰伯无后，临终时又将吴国王位让给弟弟仲雍。泰伯三让天下，被孔子尊为“至德之人”。后人以国为姓，便是吴氏一脉的由来。

此后，吴氏经历了朝代更迭，家族中曾出现诸多杰出人物，至泰伯第 72 世嫡孙吴畦，因忠诚耿直及出色的才能，官至谏议大夫，无奈彼时国势动荡，为了保全家人性命，吴畦及弟弟吴畴率家人远离是非之地，选择了泰顺库村这块幽山静林之地隐居。传续至今已四十几代，后裔近百万遍及海内外。

〔注〕吴畦，字祯祥，行高十一，祖籍山阴。唐咸通元年庚辰进士，初授桂州刺史；乾符二年擢河南节度使。中和二年宣召入朝，授中书令同平章事。文德元年官拜谏议大夫，进太子太保。大顺二年封光禄大夫勋柱国。

访谈对象：吴兆辉

访谈时间：2021 年 12 月 2 日、12 月 22 日

访谈地点：南浦溪镇库村、雅阳埠下村

吴兆辉，现年66岁，泰顺一中退休教师。吴兆辉老师为吴氏迁居库村的始祖吴畦公第39世孙。属库村吴氏泰顺雅阳支派。吴兆辉老师因少年时代对书法感兴趣，时常观摩家中收藏的《雅阳边坪吴氏宗谱》，成年后对宗谱及祖先事迹产生兴趣，此后为厘清祖源，更是多方走访吴氏在浙江、福建的后人，查阅相关宗谱，在这个过程中，吴兆辉老师结识了库村族人，也因此为库村的宗祠重建出了一份心力。如今，受吴氏族人委托，吴兆辉老师担当起重修吴氏总谱的重任。

2021 年冬，笔者先后在库村及雅阳采访了吴兆辉老师，旨在通过吴老师的口述，将吴氏在库村的历史做一个大概的梳理。其他有关吴氏宗族在库村繁衍生息的更多内容将在相关口述中展现。

文中参阅了多种版本的《库村吴氏宗谱》及《吴氏统谱》中的内容并摘录必要部分作为补充和注解，以便与口述内容相互印证，其中存疑部分，欢迎有识之士鉴审。宗谱内文字均无断句，摘录内容的标点符号为采访整理者所加。为方便阅读，吴兆辉老师的口述内容为宋体字。

## 从对宗谱的书法感兴趣到发现宗谱里的错误

我名叫吴兆辉，原来是泰顺第一中学老师，退休 5 年了。今年 66 岁。我是瑞安师范、温州教育学院英语系毕业，先后在雅阳中学（现泰顺七中）、泰顺二中和泰顺一中当老师。

我是初中毕业开始对宗谱感兴趣的，当时家谱放在我家里，里面毛笔写的一些楷书引起我的兴趣。那时我对家谱谈不上研究，仅仅是对小楷字感兴趣，所以经常拿来看看。

高中毕业以后，我对古汉语也比较感兴趣，所以有时间也经常会去看谱序，觉得我们祖宗了不起，但是也没有特别去研究它。

工作了以后，因为调动的关系，我把家谱也带在身边，业余时间翻翻，那时就稍微沉一点下去，就看出问题，发现我们家谱（指《雅阳边坪吴氏宗谱》，“边坪”为现在“兵坪”的旧称）有些地方做错了。

所以 1993 年他们（指雅阳兵坪吴氏族人）打电话来，说要修谱。我说慢点，等我把祖源先搞清楚。

那时候我就在周末和假期去查我们泰顺所有的吴氏宗谱，还去了庆元和宁德。那是我个人的行为。在那个过程中认识了库村这个村的族人。把浙闽边界一带的吴氏宗谱基本上都看过了之后，我就搞清楚为什么我们的家谱做错了。

原来，光绪三十四年的时候（指该年《雅阳边坪吴氏宗谱》修谱时），一个做家谱的先生把我们的祖源改到了庆元吴氏世系。我们吴氏有两个祖源，一个是库村的吴畦，他是哥哥；一个是庆元的吴畴，他是弟弟。

虽然是一脉相承，但弟弟派就是弟弟派，哥哥派就是哥哥派。

这整个过程花了我三年时间。我终于查证清楚，我们的祖源是库村的吴畦。后来他们叫我动笔，我说我提供资料就好了。不然我修家谱，涉及钱的事情，人家会说你花了这么多精力，原来是想赚这个钱。这个修谱的事情12年前（即2009年）才完成。

## 始祖吴畦迁居库村的缘由

我们的祖先吴畦公是从绍兴迁过来的，他是840年出生，860年中进士，后来治理黄河，在唐末的时候贡献很大。由于唐末比较乱，吴畦公是谏议大夫，提了很多治理国家的建议，也预测到这个国家将来可能会被颠覆，结果皇帝没有接纳他的意见，他就隐退了，回到家乡绍兴。

宗谱里记载吴畦的家乡是绍兴和乐村，但是我到绍兴调查过了，没有“和乐”村，有“利乐”村，可能先人抄错了，把“利”字抄成“和”字。

〔注〕据《库村吴氏宗谱》，吴畦公的父亲“随父自山阴灵芝乡至暨阳开化乡和乐村居之”。暨阳即诸暨，彼时属绍兴府。

后来董昌准备造反，联系了绍兴的县令，一个是吴僚，一个是张邈，结果他们两个不从，就被董昌杀掉了。

董昌又派人过来找吴畦。

吴畦公是非常聪明很有智慧的人，他也没有说支持，也没有说反对，意思是说等我想想。然后就马上和他的父亲赶到诸暨找他的伯父。他伯父说既然这样子，你们马上走。

〔注〕吴僚和张邈分别为浙江山阴和会稽的县令，唐时同属绍兴府。民国时合并为绍兴县。

吴畦就带着家人连夜离开，家人包括父母，兄弟和自己的后代，还带了两个管家。

〔注〕吴畦当年所带管家，据吴兆辉老师所查，大多宗谱记载两位：胡安、鉏贤。也有宗谱记载为三位：苏来、胡安、鉏贤，如下文

吴畦公仪像

所注之《吴氏统谱》。

他们走水路，先到了青田白岩那个地方，现在吴畦公长孙的后裔还在那里。但是在那边时间不久，因为那里海盗比较多，而且当时他担心董昌会派人跟踪过来，因为吴畦公的离去对董昌来说是一个打击，而且吴畴也是部队的一个长官。

〔注〕吴兆辉老师很幽默，说"吴畴也是部队的一个长官"。吴畴生于848年，按《吴氏统谱》："唐仕十二都巡，赠中禄大夫。"

兄弟俩一个文，一个武。

后来他们又从青田一直走到这里一个叫卓家庄的地方。他们就全家在那里安居。

那段时间每天晚上听到有钟鼓的声音，他觉得奇怪。过了一段时间，有一个和尚就到他们家，说这个地方是佛家之地，百姓不能在这里住。

以前的人对《易经》，对道家思想都是会学一点的，也是相当于现在的必修课。吴畦公也懂一些阴阳地理风水，既然听到钟鼓声，又来了一个和尚提示，他们就搬走了，沿着东边山里走到这儿，就是现在的库村。刚好3里，我也步行过。确实如宗谱所说。

〔注〕《吴氏统谱》收录了吴畦遗记，遗记中吴畦回顾了自己的一生，提到自己不愿随附谋叛的董昌，为了保全父母，放弃了世代居住的家园，乘舟泛水，最后居于卓家庄。

"时乾宁三年（896）四月十八日也，居之数载，每夜闻钟鼓声，举家怪之，莫知其由。有一老僧踵门而言藤萝尊者，因云此佛地也，非为俗所居之，乃命家人苏来、胡安、鉏贤鼎居其所，守耕其业，吾复东三里，地产其竹，山水佳丽，于此开基号曰库村。"

这段文字中"吾复东三里，地产其竹，山水佳丽"的"三里"正是吴兆辉老师实地所走的3里路程。不过关于"于此开基号曰库村"，吴老师表示不认同。他推断这篇遗文来自庆元家谱，而遗文并非吴畦公亲笔所写。

## 吴畦定居库村后，罗隐的来访以及金书铁券

吴畦公在库村最早的落脚点，应该是世英门往上走，那棵大榅树那儿。现在那里什么都没有了，地址还在。当时是府堂。

〔注〕按《库村吴氏宗谱》，府堂为宋朝武经大夫吴驲所建。所在地址为吴畦公旧宅。

吴氏宗谱中的库村舆地之图

后来吴王钱镠派罗隐来找吴畦公出山。但吴畦公避而不见。

〔注〕按雷全勉主编的《泰顺历史人物》，罗隐为晚唐著名诗人，吴畦好友，原名“横”，因先后六次应举不第，更名为“隐”。吴畦隐居库村时，罗隐正在吴王钱镠府担任镇海节度掌书记一职，当时政治局势动荡，人才缺乏，钱镠有意起用吴畦辅政，于是特遣罗隐于天复四年（904）二月前往说服吴畦出山。按彼时904年，吴畦应为62岁。

人到一定的年纪，有了阅历，他就看透了一些东西。

皇帝也非常感动，就赐给他一个免死牌，就是“金书铁券”。

〔注〕吴老师此处记忆或许有误，按《吴氏统谱》，当年赐吴畦金书铁券的为唐昭宗，时间为“唐光化三年十月朔越七日”，即公元900年。在罗隐找到吴畦之前四年。吴畦公既然收了皇帝的金书铁券，以他对朝廷的耿耿忠心，自然不会出山辅助钱镠了。

唐昭宗在赐给吴畦公的金书铁券里回顾了吴畦公对于朝廷的贡献，并引经据典谈到历史上的人物，如识破怀有异心的石敕之王夷甫，以及预言了安禄山谋反的张九龄。言下之意对当年没有听取吴畦公的意见颇感后悔，并在金书铁券里立誓：“沧海有不涸之期，泰山无颠坠之日，惟我思贤之意永将辅助国家。”这句话之后便是赏赐内容：“月给俸米三硕，岁赐绢帛两端，卿自保摄天和，俾臻寿算，永享太平之乐。”之后是免死内容：“庶称朕眷硕言怀，如有过犯即恕三死，子孙恕一死，或犯帝刑，有司不得加责。”

## 吴畦的弟弟吴畴迁居松源

吴畦弟弟吴畴904年的时候从库村迁走了。

〔注〕据《吴氏统谱》，吴畴于天祐四年（907）迁到松源。此后认真的吴兆辉老师翻阅了其他相关宗谱，找到相关资料，“吴畴公天复三年癸亥（903）欲择里别居，同兄经游括苍山墩头（今属庆元），天祐四年丁卯（907）定居”。

他们是897年的时候到卓家庄。8年之后他弟弟去了庆元。

〔注〕由此顺推，吴畦公弟弟应于10年之后去了庆元。

家谱记载是说这个地方太小，吴家子孙以后没有发展的空间。但是根据我们一代代的传说，吴畦公的弟媳姓张，张氏夫人没有生过孩子，从绍兴过来以后不久就死了。这对吴畴公来讲是一个打击。

〔注〕据《吴氏统谱》，吴畴的大儿子琚生于唐僖宗乾符二年（875），应该是张氏夫人所生，有待考证。

吴畴公他也懂得地理学，他觉得库村不适合于他，所以他跟哥哥商量，他哥哥也支持他。他们就沿途走了52天，往丽水方向走，那个时候丽水叫处州，往着那个方向走到龙泉下都的松源。

他觉得这个地方好，到处都是松树，但是又很开阔的样子。后来吴畦公也住了一段时间才回到库村。

之后吴畴公就在那边娶妻生子。

吴畦公的小儿子吴承也跟着叔叔去了庆元。后来他的后代就住在大济那个地方。

〔注〕吴畦公弟弟吴畴带着吴畦公的小儿子吴承定居于松源，是不是也是怕钱镠再次派人来骚扰，为以防万一，保全血脉?

据《库村吴氏宗谱》，彼时吴畦和吴畴的父母都在世，后来也去了松源定居，在松源过世。

## 吴畦公去世以及金书铁券随葬于吴畦坟的传说

吴畦夫人比吴畦公过世早。

〔注〕按《库村吴氏宗谱》，吴氏夫人生于唐武宗会昌辛酉(841)，卒于后梁乾化壬申(912)，享年72岁。生前因为“善相其夫，时封宜人，进加恭人”，之后又“加褒一品夫人”。董昌谋叛，她跟着吴畦公避居库村，“维衣食之粗，足奉舅姑”，可谓一位享得了荣华也吃得了苦的贤良之妇。

她过世之后，她生养的两个儿子吴象和吴承请瑞安县丞蒋安写墓志铭。

有意思的是，墓志铭的落款处，列着两位人士的名字：“保义郎署瑞安县丞蒋安谨志　迪功郎平阳县教谕施祥填讳”。

查“填讳”之意：旧时子孙为祖先撰写行状碑志等文字，请人代写祖先名号，称填讳。可见古人非常讲究尊卑长幼，连长辈的名号都不敢亲手题写。

所以先把她和刚来库村不久就过世的弟媳妇张氏一起葬到库尾。因为吴畴公的夫人生前这么讲，她说跟嫂子关系非常好，一起从绍兴过来。生不同时，死要同穴。

吴畦夫人的坟不跟吴畦一起。

夫妻的坟墓分开，可能是基于当时的地盘意识，还有一个风水的原因，王氏夫人和张氏夫人的坟墓所在地，叫“风吹罗带形”。

〔注〕按《库村吴氏宗谱》：“妣与畴公原配张氏合葬库尾墺，风吹罗带形，坐亥。”《尔雅·释亲》：“父为考，母为妣。”“妣”原指母亲，后称已经死去的母亲。此处“妣”指吴畦公的夫人王氏。

那个地方的地形，有点动感的。风水好。

现在坟墓还在。

吴氏宗祠（宗祠大门匾额题为“吴畦纪念馆”）

〔注〕白居易《赠内》："生为同室亲，死为同穴尘。"在唐代，合葬风俗盛行，"夫妻合葬"是主流的丧葬形式，一直沿袭至今。

但由于复杂的社会关系和各种原因，古时夫妻分葬两处也是相当普遍的事。如上述"吴畦夫人的坟不跟吴畦一起"；之后如承端公的第四世孙吴梓也与夫人包氏分葬于瓦窑窍和蒲阳，等等。而吴畦公的第四代孙承晖公则与前后两任夫人周氏和林氏同葬。

"合葬""分葬""同葬"等现象涉及丧葬习俗、礼法、人情伦理等诸多复杂的原因和考量，有待研究。

彼时民间对于坟墓的选址也非常重视，体现"事死如事生"的儒家传统思想，而且相当有责任感，认为自己就算过世了，还得占据有利的位置，以旺子旺孙，乃至千秋万代。

923年，吴畦公去世，他的坟墓就在村里。

〔注〕按《库村吴氏宗谱》，吴畦公"葬本村俟林宅前"。

为什么在村里？有风水的原因，还有一个传说，据说金书铁券这个东西是埋在他的坟墓底下了。那么立一个坟墓在这里，可能是为了防盗，因为子孙都在这里，可以守护。

另外的传说是金书铁券给他弟弟带到庆元去了。

## 吴畦公第五世孙吴文美成为现在库村本宗的祖先

吴畦生了两个儿子。大儿子叫吴象，二儿子叫吴承。承公跟着叔叔吴畴去了庆元。象公留在库村。

吴象生了5个儿子。

〔注〕吴象生余德、余恩、余愍、余寔、余憩。全都是心字旁，古人为儿子取名，多讲究同偏旁。至于吴象有没有生女儿，家谱未见记载。

以前族谱一般不写女儿的名字和生辰，通常记载为如李四"生三子二女，长适某地某人，次适某地某人"。《仪礼·丧服》郑玄注："凡女行于大夫以上曰嫁，行于士庶人曰适。"适人，就是女子出嫁的意思。

娶进门的媳妇的信息，在族谱上仅以"某氏"出现。如张三"配某氏"，或"某地某人之女"指代。

到了这第三代，因为子孙多了就开始往外分散。我们是第三代的第二支。

〔注〕吴象大儿子余德迁居青田白岩，就是吴畦当年从绍兴往泰顺逃亡时经过的地方；余

恩分迁到平阳钱仓；余愍留在库村；余寔迁到了福建霞浦；余憓迁到筱村。

吴象公的第三个儿子余愍这支留在库村。余愍又生了五个儿子，他们五兄弟文化水平也高，都是有学位的人。

〔注〕五个儿子分别为承端、承晖、承嵩、承峭、承褚。其中承端公为清泰甲午年（934）举人，授翰林院编修；承晖公为宣城都衙。承晖公即吴兆辉老师的祖上，先迁到横坑的小画桐，后裔之一迁到雅阳。

长子承端公留在这里。他的几个弟弟又分到别的地方。

〔注〕吴畦公的第四代孙，即留在库村的承端公生三子，文英、文美、文隐，其中文美这一支为库村本宗，库村的著名人物如吴梓、吴子益、吴驲、吴子美等都是他的后代。

又：另一种说法，承端公生四子，即文英、文美、文隐、文迹，其中文迹迁往瑞安。

## 库村吴氏在宋代出了十九位进士

吴氏出人才，北宋稍微少了一点，主要是集中在南宋，因为当时朝廷南迁。这跟整个国家的制度有关系。

〔注1〕吴氏的文运，库村这一脉，从吴畦公开始，经由长子吴象（唐明经科进士）到三世孙吴承端（后唐清泰甲午举人）到第八世孙吴梓（宋祥符丙辰进士），到第13世孙吴昙中进士时，已经是宋庆元丙辰年了（1196）。这时的宋朝已经经历了北宋灭亡以及南宋建立（1127）的初始混乱，政局开始稳定，所以吴昙的儿子吴燧、吴岐，孙子吴鉴、吴钧、昌祖，玄孙吴集等全都是有功名的人，且一些习文，一些习武。

上溯至吴畦公和弟弟吴畴，也是一个习文，一个习武。之后吴畦公自己的两个儿子，也是一个习文，一个习武，这种风气代代相传，是颇有意思的事情。

〔注2〕吴驲是吴昙的弟弟，在吴昙中进士（1196）之后不久，吴驲也于嘉泰壬戌年（1202）中了进士，所谓“一门两进士”。吴驲是库村历代先人中最著名的一位，他游历广，又喜欢写文章，宗谱收录了他去昭州上任途中的日记，后来他年老回乡，在故乡过世。如今在库村居住的吴氏族人，基本都是他的后代。

南宋有个所谓的奸臣叫贾似道，贾似道的老师就是吴泰和。

〔注〕吴泰和为吴子友的儿子。吴子友、吴子良（宋绍定乙丑进士。官殿前左计议，淳祐十年奉训大夫）、吴子益（吴昙和吴驲的父亲）这一辈要么自己有出息，要么儿孙辈有出息。

库村吴氏一脉，至此可谓达到高峰。

按《库村吴氏宗谱》之《吴泰和遗事记》，吴泰和的母亲王氏怀他的时候，父亲吴子友就已经过世了，堂祖吴国安抚养他长大。“及长，通经史，能文章，遂登嘉定癸未进士，授诸王教授”。彼时贾贵妃的弟弟贾似道也在这群王族学生中，所以多年之后，吴泰和“以老成受诏入朝，贾君曰吴先生免拜，待以师礼”。可见这个历史上被论定为奸臣的贾似道对自己的老师还是恭敬有加的。

可惜吴泰和年老还乡途中，卒于金华驿站。彼时他的儿子们都已经先于他过世，他的妻子遵他的遗命，立堂侄为嗣，扶柩归葬于故里。吴泰和之坟位于本里岩下，保存至今。

宋朝期间，库村吴氏一共出了19位进士（包括从库村迁到泰顺境内的吴氏。详见文末列表）。到明代还可以的。明代生员是很多的。根据县志统计出来的生员、国学生，那是上百的。

明末以后高层次的就少。清代以后，库村的吴姓就慢慢没落了。

家族的运道和国运一样，也是起起落落的。有盛有衰。

## 库村吴氏宗祠的重建

新中国成立后，乡政府一度在吴氏宗祠办公，当时吴氏宗祠被改了一部分，另一部分是原样的。后来乡政府在外面盖了大楼，就迁出去了。

当时（指2009年），几个老人到我学校办公室，说外地的吴氏宗祠很多，倒是我们祖地这里没有一个像样的有规模的宗祠。

老人们说是不是可以帮忙把宗祠恢复起来。我说可以。做公益的事情我也很乐意的。

2009年我参与。2011年动工。当时做得很艰难，特别是资金问题。

先是各地吴氏族人筹了100多万，请平阳的师傅修建。后来款额不足，工程停了，首事之一筹建组主任吴时革到我办公室，说算了，停掉算了。我说不行，无论如何都要把它干下去，我说我在吴畦公墓前许过愿了，三年要落成的。

我说这个暑假我陪你去。后来我到罗阳叫一个年轻的朋友，他有车，我说路费油费我出，但是你要无偿给我们开车。他是姓陈的，他说好。然后我到市场买了12份竹具做礼品。我们去了苏州、无锡、常州一带，联系并见到了在外经商的吴畦、吴畤公后裔吴学程、吴云飞、吴李东、吴文备、吴立批、吴立伟等宗长，解决了建祠的资金问题。

库村吴氏宗祠最终于2013年顺利落成。现称“吴畦纪念馆”。

吴氏宗祠正殿

我的第一个心愿完成了。经过筹建库村吴氏宗祠这件事，库村吴氏族人对我也很敬重。

〔注〕因吴兆辉老师并未参与重建的具体工作，有关吴氏宗祠重建的相关信息将在另外的口述文本中展现。

## 现在的心愿是完成总谱的修订

修总谱是我的第二个心愿。我本来抱了很大的希望，希望能在库村找到一些文史资料，但是资料有是有，不全，后来我们开展全县、浙闽地区普查，包括庆元。经过一年时间，发现了一些很有价值的资料。

比如有一天在南院吃饭，我问村里人姓什么。他说姓吴。他说那个地方他们姓吴的有100多人。我让他把宗谱拿出来，一看，吴畦公的第五代，文英、文美、文隐三个兄弟合写了一篇序。那真的是激动。

还有一次去文成西坑。——我去一个地方，都会问，家谱有没有。结果看到吴一奇的资料。就收录进来了。

太初和尚还到过这里，当时我们吴家邀请他来广度寺担任住持。两年后，太初和尚离开，走的时候邀请函落在禅房里。这个邀请函我也是在别的宗谱里看到。这个也是要收录进去。

〔注〕太初和尚（1333—1407），原名张启原，日本人。9岁削发为僧，元末明初至中国，曾在徒弟大方陪同下，沿飞云江进入泰顺境域，到达莒江沓石山梅公洞，在洞中建庵。人称沓石庵。库村广度寺重建大殿时，太初受邀前往主持金塑佛像之事。据载："太初和尚至我朝，太祖高皇帝洪武龙兴，始去广度寺，寄迹山交寺。"

我现在收集到的宗谱各种版本有七八十本。最老的是明代的。还有雍正年间的，同治的、道光的。我家里存的宗谱是嘉庆版的。

这些宗谱都是手写的，都是楷体。

这些宗谱的谱头都是一样的。吴源有一本谱这么厚，前面一到四卷已经腐烂了。四年前我们到了筱村岩头，发现那里的谱是同一个先生修的，是庆元的一个先生。两本谱的时间相差两年，一到四卷的内容全部有，我马上把它一字不漏地扫描收录。

我们现在修宗谱，准备写到迁始祖这里。比如我们是二房，写二房迁居的地点、时间。孙、子，不写。要写的话就太多了。

总谱预计2023年修完。完成的宗谱到时候要保存到各个分支去。我们建完宗祠，还余有一些小钱，另外，库村山地卖掉的还有几十万资金。以库村为主辐射出去的有各大支派，他们愿意合在这里的，要分摊。资金不成问题。

我们有印刷版，还有手抄本。本来我自己会写。但是我精力不够，对自己的楷书也还不十分满意。我准备聘请福建省柘荣的一个老师去修。手抄本用小毛笔，楷书。这个才有保存的价值。开本准备按照大规格。

吴氏族谱

如果经济允许，可能再做一部送到文博馆保管。自己留一部，放在库村祖地吴畦公纪念馆。以前，吴畦公第七代孙吴梓公退休归来做家谱，做了两部，据说一米长。庆元一部，这里一部。

这种规格的宗谱以前是皇室才有。里面大小章几十个。60 年代初被人卖掉。

庆元的那本则被烧掉了。

被卖掉的那本，听说村里有老人见过。被卖掉也很正常，不生不灭。只是我们这些后人，有机会要把它们找回来，还以历史的事实。

我想，人活在世上，要实实在在做有意义的事情。做几件就可以了。

## 【附】在泰顺的库村吴氏历代进士

### 唐代

吴畦（840—923）：仕公长子，又名禔，字祯祥。行高十一，祖籍山阴。唐咸通元年庚辰进士，初授桂州刺史；乾符二年擢河南节度使。中和二年宣召入朝，授中书令同平章事，文德元年官拜谏议大夫，进太子太保。大顺二年封光禄大夫勋柱国，配王氏生子二，长象，次承（后随叔畴分居松源）。

吴畴（848—926）：仕公次子，又名祎，号汉章，祖籍山阴，由明经登进士，官至都巡。行高十二，故称“十二都巡”，赠中禄大夫。唐昭宗乾宁二年（895）与兄畦奉父母避乱至东瓯安固库村。天复四年（904）分居括苍松源上苍，配张氏，继娶李氏生子三，长瑞、次琚、三琢。

吴彖：畦公长子，唐明经科登进士，官至江南节度使掌书记。

吴承：畦公次子，后唐武科进士，官拜团练使，后随叔迁居松源。

# 宋代

吴梓：字良材，北宋大中祥符八年（1015）进士，官至大理寺评事。

吴亨：宋绍圣甲戌（1094）进士，官至御史大夫，中书庶务。

吴嘉猷：字德夫，宋政和壬辰（1112）进士，官至朝散大夫。

吴宗达：筱村凤林人，宋重和戊戌（1118）进士，永兴司马。

吴宗穆：筱村凤林人，宋宣和辛丑（1121）进士，仕黄岩知县。

吴说：字傅霖，筱村凤林人，宋宣和壬寅（1122）进士，官至黄岩县丞，玉山县令。

吴三省：字少曾，筱村凤林人，南宋绍兴癸丑（1133）进士，任潼州教官。

吴昙：字庆云，南宋庆元丙辰（1196）进士，知湖州库事，朝议大夫。

吴驲：字由正，南宋嘉泰壬戌（1202）进士，官昭州藤州太守武练大夫，著有《岚壁集》《之官纪行》。

吴岐：南宋嘉定七年（1214）武进士，官南剑州巡辖福清尉。

吴泰和：字浩然，南宋嘉定癸未（1223）进士，历知扬州路，宰相贾似道曾师事之，著有《掬泉集》。

吴子良：字道醇，南宋绍定己丑（1229）进士，官至殿前左司计议。

吴瀹：南宋淳祐甲辰（1244）进士，留梦炎榜，官处州教授。

吴洸：南宋淳祐丁未（1247）进士，官宗正卿。

吴昌孙：南宋宝祐癸丑（1253）武进士，任四川节度使干官。

吴扬祖：南宋开庆己未（1259）武进士，朱应举榜，官江南通判。

吴泰来：南宋景定壬戌（1262）进士，万山东榜，官汀州通判。

吴以祖：南宋绍熙年间武科进士，景定壬戌（1262）授广东盐运使。

吴集：南宋咸淳甲戌（1274）武进士，官广东都总管。

村落

# 库村古村落布局简述

# 写在前面

公元 811 年，库村包氏始祖包全公携家人迁居安固库村卓小阳（卓小阳也作“卓小洋”，即今泰顺南浦溪镇后坪村一带）。包全公迁入泰顺的时间比库村吴氏始祖吴畦公早，但对于现在我们所称的库村（即库村古村落范围）来说，据现有史料记载，吴氏迁入的时间则比包氏早。

据《库村吴氏宗谱》记载，吴畦公及家人在卓家庄落脚之后（吴畦公于 896 年迁到库村卓家庄），尝夜闻钟鼓声，又有藤萝尊者前来，告知此是佛家之地，凡民不可久居。吴畦公便沿山向东前行三里，最后在一处幽静的山谷定居。

此处便是现在的库村古村落。此后自唐而宋，包氏族人中的一脉也从附近的钱仓（位于库村古村落西南侧，后改名为“新仓”）迁居而来，渐渐形成两个家族同居一村的局面。这个局面从唐宋以来一直持续至今，形成了以世英门为相对分界，吴氏居左，包氏居右的颇有意思的村落格局。

访谈对象：包国岳

访谈时间：2022 年 1 月 3 日、4 月 1 日

访谈地点：南浦溪镇库村

包国岳，库村人，为包全公第 35 世孙。其六世祖兆洪公曾以军功赏六品顶戴，五世祖天韩公也曾援例入监，此后家族渐衰，至包国岳的祖父一辈，家道已中落。

包国岳曾有过贫困的幼年和少年，靠着亲戚和政府的帮助，相继读完小学和中学，之后便自谋生路，做过木匠、种过香菇等。于 20 世纪 80 年代开始在村委会任职至今，兢兢业业，恪尽职守，对村民以及村中大小事务都非常熟悉和了解。

本口述通过与包国岳在村落中的实地行走，采取移步换景的方式和片段式的表述，部分则以“注”及附图的图片说明等形式解说，以期对库村古村落的公共建筑及公共设施等古迹做一个大致的梳理。

文中参阅了《库村包氏宗谱》《库村吴氏宗谱》及其他相关文史资料，并摘录了必要部分作为补充和注解（所摘原文多无句读，断句及添加标点符号系采访整理者所为），其中存疑部分，欢迎有识之士补正。为方便阅读，包国岳的口述内容为宋体字。

## 从七板桥进入库村

库村是一个建在山谷的村子，面积不大，三面都是山，前面是一条溪流。以前人们都是得从叫“七板桥”的这里进入库村。

七板桥是宋代的时候建的，具体什么时间不很清楚。

七板桥两边的房子就是原来的店铺，原样保留下来了。

这些路还都是老的路。从七板桥进去之后，右边这头往吴氏住的地方走，左边是包氏的。

“七板桥”老街的石板路

## 戏台和书院

这是古戏台。原来是书院，中村书院。

〔注 1〕中村书院，在库村中宅巷口，宋淳祐壬寅年（1242）殿前左司计议子良公建。吴子良生于宋绍熙辛亥年（1191），绍定己丑年（1229）登第。

据《库村吴氏宗谱》所载，中村书院历宋而元，毁于战火，清雍正年间，村人感慨“肄业无地，斯文所以寥寥也”，由吴氏族人共同筹资重建，“共计八间，户牖垣墉焕然一新，仍额曰‘中村书院’”，寄托了“于后吾族中之后生小子口吟手披，不患无肄业之地矣。将来人文复起，达之乡，登之朝，以匡时济世”的美好愿景。

吴宅戏台的藻井

之后时光荏苒，到了光绪年间，中村书院又倾圮变为废墟，“由是附近族人竟有垦成园圃，估值变卖者。正简叔见而伤之，乃立合同据字，弗许开垦为私有，同治间事也。光绪癸未嗣音、玉禨、家笔、惟靖同心发起，将台基改建成戏台……戏台之前又建宇台五楹，可坐六七百人，中间为天井，广一亩许，东为横轩，亦可容数百人。横轩和宇台之后，并缭以垣墉，庶几男妇观剧无风雨之虞。”

中村书院原址建成戏台之后，首事之一并为此写志的吴嗣音最后在文中叹道：“惟是世风不古，书院变为戏院，亦足悲矣。然与其为圃而或归外姓，何如建此而长留公地耶。呵呵。”

这篇文章吴嗣音写于光绪十四年戊子十月。吴嗣音为当时的贡生，文末“呵呵”二字不知是后人所添，还是原文即有。照录于此。

又：在《库村吴氏宗谱》中赫然看到包家的包涵为吴嗣音考中县试第四名而写的贺文。原来吴嗣音是包涵的学生。

〔注 2〕库村历史上先后有过两个书院：最早的是侯林书院，为宋宁宗庆元年间（1195—1201）吴子益创办。地址在谏议大夫墓前，“为子侄攻书之所，号曰侯林，入邑志”。

另一书院即为上述的中村书院。

此外，另有石镜院：“在上桂山顶左畔，有异石，九岩连珠，夜常有光如镜，故名石镜，武经大夫驷公读书处也。”

## 石头路、老屋、卵石墙

这些平路都是原来的样式，一九九几年的时候村里种香菇，拉板车不方便，就把那些台阶改成斜坡。

六七十年代那时候村子里建的一些房子，大多是泥墙屋，因为““大跃进””时代大炼钢铁，烧木炭，砍伐厉害，山上都光秃秃的，没木材了。

我听老人说原来山上木头很多，都是很大的。现在大力发展林业，树木又多起来了。

这些围墙的鹅卵石有些是就近从本地的溪里运来的，有些从百丈运过来。下面墙脚的石头都是老的，有苔藓了。

## 清阴井与清音亭

这里是清阴井。以前清阴井基本是吴家用。我们小时候挑水，要排队，等他们用完以后，我们才用。我们包宅那边有条小溪，以前很干净，我们也挑溪水来吃。

村子里这样的水井很少。五榴厝那里也有一口，但是吃的水大家还是会去清阴井挑。

清阴井的水可以吃，也有人用来洗衣服。要洗衣服的话，就把水挑过去离井远一点的地方，放那边洗。

清阴井

这口水井大概有两三米深，水永远不会干，冬天暖，夏天凉。不过以前不是这样子，以前得一级级台阶走下去。用勺子舀水。后来人口多了，不够吃了，就把水井改大。那是一九八几年的时候。

这口井据说是吴畦公挖的。

〔注〕清阴井，民间口传吴畦公所凿。又传清阴井的“阴”为“音”之误。为厘清真相，笔者烦请近些年致力于库村吴氏宗谱收集、整理及正投入于《泰顺库村吴氏宗谱》

修订工作的吴兆辉老师翻阅了大量老版宗谱，如明崇祯戊辰年（1628）版的《积库吴氏宗谱》、雍正癸丑年（1733）版的《上稔吴氏宗谱》、雍正甲寅年（1734）版的《岩头吴氏宗谱》等，不管是文字还是舆地图，都清楚写明为“清阴井”，而非“清音井”。

按《库村吴氏宗谱》:“清阴井，在侯林宅前，宋元祐丁卯御史大夫亨公凿，泉清味甘，井上竹，故曰清阴。”吴亨为吴梓公孙子，祖孙二人均为北宋年间进士。

之所以有传言“阴”实为“音”，可能与位于附近的清音亭有关。清音亭为南宋进士吴驲所建，历久而废，清阴井却一直留存至今。清光绪年间，库村人包涵感慨赋诗《清音亭书感》：昔日亭何在，于今井有名。清音无处觅，流水自成泓。并附注“宋吴驲建清音亭，废后井仍旧名。”

此外，按林鹗所编修《分疆录》：“清音泉。在三都，宋吴驲建亭于泉畔。”

不知是否因上述原因而引发民间“清阴井”为“清音井”的猜测。

笔者与吴兆辉老师交流后一致认为，还是应该以年代更早远的《库村吴氏宗谱》为依据。

又，参阅吴兆辉老师所提供的各版本宗谱，发现倒是其中有把“清音亭”写为“清阴亭”的，但从未有看到把“清阴井”写为“清音井”的。吴老师解释说，因为修谱师也并非个个都能做到严谨无误，但是，“清阴井，历史修谱沿修的都是‘阴’字”。

当然，到底是“清阴井”还是“清音井”，本口述保持开放状态，欢迎有识之士参与讨论和指正。

我们包家从来没有因为争水源的事情和吴家发生过争吵。这是他们的地盘啊。而且他们也没有不让我们打水。

我们两姓是有走动的，也有通婚，包家女儿嫁吴家，吴家女儿嫁包家。

清音亭原来跟井挨得很近。它的地理位置比井要高一点。现在的清音亭是前些年新盖的。

原来那个亭子是石头建的，我自己没亲眼见过，是听老人说的。后来亭子没掉了。那儿就变成了菜地。

〔注〕据传清音亭为吴驲所建。据雍正甲寅《库村吴氏宗谱》（吴兆辉老师提供）记载：知府公宅前西建一亭，曰：清音亭。

又有吴驲同宗叔父吴子友所作《清音亭》一诗：斯亭谁氏筑，吴守构疏椽。好句留人咏，芳名累世传。酒浮金盏实，月向玉霄圆。吹乐非凉竹，音清绿水前。

吴子友为吴泰和之父，按《库村吴氏宗谱》，吴泰和还未出世，吴子友即已过世，因《库村吴氏宗谱》未记载吴子友和吴泰和的生卒年月，只标明吴泰和中进士时间为南宋嘉定癸未年（1223），而吴驲生卒年为1167—1247年，据此推断，清音亭应该是吴驲壮年时所建，而非传说中吴驲卸任之后回到库村颐养天年时所建。

按《库村吴氏宗谱》，吴驲字由正，号岚壁，宋庆元丙辰年（1196）入右庠，嘉泰壬戌年（1202）进士，授承节郎。之后吴驲协助徐谊守备九江，写下了《防御事宜大略》，之后任官藤州的时候，又写下了《安边四要》。是一位有抱负有文采的官员。最后官至武经大夫。致仕后归故里库村，在库村去世。时年80。

吴驲除著有《岚壁集》之外，还著有《之官纪行》，以日记体的形式记载了自己从故里库村出发，一路游山玩水、探亲会友，最后到达任所的过程。此摘录一段：

十九日于官所见壁间书，此处有祟，夜闻移床凳声。予为儿辈戏书一绝：聪明正直始为神，木客山精自有灵。若谓揶揄能侮弄，诗成鬼泣是何人。

又写道：予住四五日，并无影响，临行之夕，复书一绝：休将视听觅形声，忧惧都从内省生。若是问心无愧怍，两间何处不清宁。

可以窥见此公之真性情。

## 双心路、溪流

这条有两道路心的“双心路”，原来一直通到吴氏祠堂那边。

听说当年侄子的官比较大，叔叔的官比较小，为了大家一起走的时候不必再让来让去，就建了这条双心路。

〔注〕当年叔叔和侄子同中进士，或许指的是三位侄子吴昙、吴驲、吴泰和以及他们的同宗叔叔吴子良。三位侄子中进士的年份在吴子良之前。

话说吴子良50岁时丁父忧在家，创办了桂芳堂，此后居家期满，又回到朝廷做官，任职殿前司左计议。61岁时奉皇帝之命去修皇陵。

《库村吴氏宗谱》收录有相关圣旨：“宋淳祐十年二月十一日奉天承运皇帝诰曰朕惟汴京故地昔为亡金侵扰今复为元胡有兹是祖宗皇陵年久不无损坏应合修理特命尔代朕亲

吴宅村中一条双路心的“双心路”

行计用钱粮国库支修毋得浪费尔为重臣故兹委托深入彼界尤须勤谨切戒从者毋得扰害臣民致生边隙如有怠惰听尔责问往还无虞斯为尔能殚心协力提督有方工程务致坚固财力不至枉费陵寝规制益加巍焕……”

之所以全文摘录，是这宋淳祐十年(1250)的圣旨，有叙事，有劝诫，读来颇有意味。遗憾的是，当年十月，吴子良就过世了。不知彼时皇陵是否已经修葺完毕。相关圣旨也收录在《库村吴氏宗谱》里，有赞赏，有遗憾，还有具体到扶柩返乡时给路费多少等等，且摘录一段：

“奉天承运皇帝诰曰朕闻殿前左计议吴子良谨厚之性具通敏之才副予辅政茂著功勤历官七任忠主一心方显用于朝廷旋兴悲于殂落兹闻报讣特为辍朝呜呼人惟求旧莫起于九泉天不憖遗竟亡乎一老……乃族亲故兹委托尔须尽力扶送还乡随处有司尊此敕命给路费米十石拨乡夫二十名关津毋得延缓水路通行倘有违命即时奏闻必当重究……”

吴子良公育有五子，其中长子、次子和幼子分别迁往平阳、瑞安、兰溪。三子和四子的去向，《库村吴氏宗谱》并未标明，按宗谱记谱惯例，未标明去向意味着他们留守故里库村，但宗谱内并未记录他们后裔的信息。倒是同宗子侄吴泰和的表兄，彼时任官福清县主簿的林安在所撰的《泰和公墓志》中提到吴泰和官满回乡时，途中在金华驿馆过世，因彼时他所生育的两个儿子都已先他过世，他的夫人赵氏遵他遗言，“立堂侄润孙，盖左计议子良公季子孙也，为嫡，继其后也。”

双心路路边的这水是活水，但是原来没有这么大，冬天水还会更少。现在是从水库引过来，水一年四季都有，下雨的时候水量更大。

## 吴畦公的墓

吴畦公的墓，据说还是吴畦公自己选的地。

吴畦公的墓，我们包姓的以前很少去，现在也会去走走。毕竟时代不一样了，大家的观念也有变化。

〔注〕据记载，吴畦墓原建于后唐同光元年（923），清道光三年（1823）重修，占地面积约900平方米，扶椅式，墓室前刻有吴畦《夜堂吟》诗。明嘉靖十三年王叔果所撰《重修有唐平章事谏议大夫吴公

吴畦陵园中的“唐谏议大夫吴畦纪念碑”

墓碑记》立于墓前。1982年列为县第一批文物保护单位。

## 吴氏宗祠

吴氏宗祠是在原来的老祠堂的基础上重建的。

老祠堂新中国成立后曾经当过医院，后来改成政府办公的地方，再后来重建成了我们现在所看到的宗祠，建好大概快十年了。

这里外面是一片山林，可能地形比较好。

〔注〕据记载，畦公祠始建于后唐同光元年（923），位于库村瑞峰院（后为广度寺）之西，元代毁。明成化十三年（1477）重建，后又废。清乾隆五十二年（1787）改建于库村前山，清道光二十八年（1848）迁建于侯林正一山下。

20世纪70年代，宗祠被当地政府借用，因年久失修，20世纪80年代崩塌。2010年10月，吴氏族人开始筹资，于原址重建宗祠，历经三年，2013年完工，占地1800平方米，建筑面积1650平方米。

建筑仿清代江南风格的翘脚大屋顶造型，上铺暗黑色琉璃筒瓦，各单体建筑四周立面均装饰五彩斗拱，规模宏大，气势雄伟，庄重古朴。

## 古树

原来吴氏宗祠前面这一排，一直到包家都是柏树。从村的这头到村的那头。

后来因为盖房子砍掉了。苦槠树也很多的。

这株苦槠树八百多年了。

吴氏宗祠前的老枫香树

## 老巷、沟渠、世英门以及世英门的重修

世英门前面这条巷是老巷。这些沟渠是通的，下雨的时候可以排水。

建世英门，据说是因为当时村子有虎患。原来世英门外面是没有房子的。

〔注 1〕按《库村包氏宗谱》，包涵所撰之《议修世英门疏》，世英门为明朝元凤公倡建。“厥名世英，意欲世济其美而为门闾之光宠与。”

“此门上下左右都是石头，门之外有旷地，同样砌以石，环列坐几，石下刻捐建先公名字计十七人，想见当日殷实之家急公好义，不遗余力而缔造。”

此后到了包涵公所处的年代，“双扉已缺，垂檐崩摧”，所以由包涵起草，发动村中族人重修。在包涵的文章中，提到“老曰闻向之为是门者以避虎患”，证明了库村人口传当年修建世英门的初衷，的确是因为附近山林有老虎出没，危及村人及牲畜安全。

〔注 2〕吴氏族人则口传此“世英门”原为吴子美的门生们为纪念恩师所建。因吴子美字世英，与“世英门”之“世英”正合。但宗谱并无此相关记载。

按《库村吴氏宗谱》，府志载，元朝隐逸吴子美，字世英，泰顺库村人，博通古今，授徒讲谈理学，瑞安大理寺副蔡鼎少师之，尤喜吟咏，所著有《怡情集》，多出于性情之正。其咏史诸作，卓有鉴戒。

世英门

世英门现在门两边的上马石不是原来的老物，老物2014年的时候被偷走了。石凳也被偷了，2016年的时候被偷的。

世英巷

石凳旁边用来顶住石凳的石墩还是老的。

关于石墩，这里有一个故事。听说做墩的师傅打了两个小小的石墩，村里有一个老辈人看见了，说，石墩那么小，会被人拿走的。那个师傅说，你试试，你拿得走你就拿走。那个老辈

人就一只胳膊一个石墩夹走了。后来师傅就另打了两个大的放在这儿。

这是真的，现在有一个小石墩还在。另一个不知道在哪里。

这株柏树一百来岁了。听说村里老辈四五个人，十几岁的时候在这里玩，“这里还缺一株树”，他们说。那时候里面有一座房子前面正好有株柏树，他们就把柏树偷过来。那房子里的人赶过来，问他们要把柏树栽在哪里。“这里。”他们说。“哦，公共地方。那就没办法了。”

这是那几个老辈人自己说的。那时候他们都还在世的。

这一株就早了。牌子上写700多年。比世英门的年纪要大。

世英门后面这块地，传说原来夏氏要买过去盖宗祠。后来吴氏也想买，但是没有成功。

这块地现在是我们包家的。原来是座五榴（音，当地方言。开间之意，后同）的房子，后来烧掉了，重建。一九六几年重建的。

世英门后面这条路叫世英巷，在这里拐了个弯，而不是直通到底，有讲究的。

世英门的周边原来就是房子。听说大多是民国时候建的。

〔注〕世英巷，路面素石铺就，宽仅一米多，是库村古村落唯一有“名字”的巷，该巷得名，应该与立于巷口的世英门有关，而实际上它另有“功能”，包吴两氏在村落的居所，以它为界，吴氏居左，包氏居右。

这种分界而居的村落布局，从什么时候开始，不得而知。吴氏村人有原来世英门两侧都是吴氏居住的说法。他们认为，宋之后，吴氏家族的某支逐渐衰落或迁往他处，陆续将家产出卖给同村人包氏，才于某个时期开始，形成吴氏居世英巷左，包氏居世英巷右的相对固定的格局。

包括世英门，如上所述，吴氏村人也认为与他们的祖先吴子美（字世英）有关，最初是子美公的门生们为了纪念这位有才能而无仕愿的恩师所建，后来才因为种种原因，变成“包氏的世英门”。

上述种种说法，目前尚未找到确凿的证据作为支持，之所以写出来，是因为这些散落于民间的传闻，一方面代表了过去的不确定的可能性，提供了通往过去的可能的线索，另一方面，它的流传与存在也暗含了“过去”的“可塑性”。因为“现在”是“可视”的，“明晰”的，而“过去”则是“推测”的，“论证”的，有“想象”的空间和余地。

## 包氏小宗祠、碇步、供销社

包氏小宗祠是清朝时候建的。原来小宗祠不止这么大。现在宗祠两边的民居都是和宗祠有关的人的后代盖的，其他人盖不下去的。

现在古村和镇上连接的桥是一九九几年建的。原来过溪要走碇步。

供销社这里原来都是灰斗。过去，山上莨萁砍过来放灰斗里烧，烧起来当肥料种菜用的。

〔注〕灰斗是指泰顺农村为烧制草木灰及堆放农肥盖的简陋小屋。

70年代政府要在村里盖供销社。吴家想在他们那边盖，我们想在这里盖。为了争取到供销社，我们就统一起来，把灰斗拆掉。后来供销社就盖在我们这边了。

供销社总共算九榴。一榴的长宽差不多9米 ×4米。

当时这个地方用木桩打下去，打4米多深。地下是活的，泥巴很暖。那时候我们这里水泥钢筋没有的，我们从山上很高的地方抬大石头过来。没有交通工具，就是这么靠人力抬过来的。那时我十几岁，也帮忙抬过石头。

那时候这里很热闹，联云、包垟、蒲头都会下来到这里买东西。我们这里的东西多一点，好一点。

后来到了90年代，供销社关掉。

供销社前面的一些房子，是清代时建的。

70年代，这里还是放露天电影的地方。幕布就挂在对面那边，电影机放这里。村民自己凳子搬过来放在台阶上看电影。村里有什么活动，也放在这里。这里有个大喇叭，会广播“明天大家开茶园去”之类的。

## 节孝坊、“千秋”对圣旨

节孝牌坊原来是在靠供销社这边一点的位置。“文化大革命”的时候，被红卫兵拆掉了。“破四旧”嘛。

節孝

正对着节孝坊上“圣旨”牌的“千秋”牌匾

后来我们重修了。

节孝坊的构件有些是老的。有些是新的。

〔注〕节孝坊为清朝廷为库村包涵公之继母夏氏所立。包涵曾为此写了一篇《记母夏氏建节孝坊及守志历年事》：

母氏夏，先邑庠士锦江府君之继室也。年二十一归府君，未匝月而府君弃世，时涵方十龄，道光丙戌岁也。母氏誓守志，抚涵如己出。先大母罗俾佐筦阃政，母擯挡家务，不辞艰辛。大母卒后，母司中馈，一切尊大母遗教，如是者几三十年。涵痛母苦节，将为之请旌，时邑绅董庆瑞、季允亨奉宪采访孀闺节烈廉，知母氏节，为具册核报，有司具题，奉旨给帑建坊，时咸丰壬子岁也。是秋七月鸠工治坊石，十一月竣事。卜建，不果，越甲寅正月吉，始建之。乙卯母年五十，九月二十六是其生辰，章安孙蕖田太史寿以楹帖为“劲节磨笄天锡祜，清风画荻帝褒贞”云。今年五十有七，起居如故，天之所以寿母者，殆未有艾。未知重膺帝锡者，当更何如?

时同治元年八月一日谱书成，谨附识之如是。

从上文可知，节孝坊是包涵为了感激继母夏氏对他的养育之恩，而为之请旌，之后由邑绅董庆瑞、季允亨受令前来，对夏氏的事迹进行核实，之后再向主管部门报告，相关部门奉旨拨给资金用以造节孝坊，彼时是咸丰壬子年（1852），当年秋天开始准备坊石，十一月事妥，却在“卜建”时或因不利年而暂停，到了甲寅年（1854）节孝坊才择吉在正月时开始建造。

牌坊和对面这个“千秋”匾额是对正的。牌坊建起来之后，就请人写了“千秋”挂上，不然对面房子承受不起。圣旨牌太“重”了。

〔注〕牌匾为青石刻制，署名“邑人林鹗题”。据载，林鹗（1793—1874），字太冲，号迂谷，泰顺县司前里光人（后迁居南院桥下村）。道光二十二年岁贡生，曾先后任兰溪训导、中山书院掌教等。晚年以私人之力编纂泰顺地方志书《分疆录》，惜书未脱稿而病逝。后其子林用霖继承父志，续编成书。

## 流水，龙虎对的传说

外翰第前面的这条小溪原来的流向不是这样子的，听说是从这儿直接出去到大溪里的。后来包家吴家要搞龙虎对，就再往那边流过去一点，最后两条溪流就汇聚到一起。

结果我们这条溪水大一点，冲过去有力一点。

〔注〕关于龙虎对的传说，库村有位村民也曾提及，据说这创意是明朝吴一奇提出来的，原来吴一奇懂风水，想借龙虎对让吴家转转运。未料包家溪水的阵势比吴家溪水的阵势大。如今库村并无吴一奇的后人，他的后人都从库村迁走了。——坊间杂谈，不为正史。

又：按《吴氏库村宗谱》，吴一奇，吴子美公第六代孙，字士俊，号老峰，明嘉靖时岁贡，官广州府照磨。

现在的清廉文化基地这里，计划经济时代做过粮管所。

原来是大户人家的房子，他们家成分是富农，一九六几年的时候，政府以征用的方式把房子改成粮仓。到了一九七几年，政府把原来的木头房子拆掉，改建石头墙的库房，就把木料还给房主，又给他们补贴了一点钱。

〔注〕粮管所是地方人民政府粮食职能部门设立在农村人民公社、乡、镇等基层的一种收购公粮、统购粮，并供应给该地区居民粮食（主食、副食）及油料等物资，发放居民购粮证、定销粮等的综合运营机构。

这里原来都是大树。整个村子是比较隐蔽的。村子前面隔着溪流，对面原来都是田垟。

听一个放牛的老人，年纪很大的吴姓老人说：争什么包家来得早还是吴家来得早，好田还不是你们包家的多。

过去的人还是种田重要。不过民国那时候我们包家读书人也兴旺，那时就有出国留学的。

原来粮管所后面山上的房子是人民公社时代做榨油厂的，榨山茶籽油。还做红釉。

世英巷的尽头就是后山。这边是包家的山头，老枫树是包家的。那边是吴家的山头，原来有一棵罗汉松，后来倒掉了。

我们库村两边的两条小溪里的水，就是通过这两片不同山脉的源头下来的。

# 库村古村落修缮事记

# 写在前面

一千多年前，晚唐诗人罗隐曾奉吴越王钱镠之命，远赴泰顺寻找避世而居的吴畦，未果。此后罗隐写下《罗江东外纪》，文中记述："至其处，四围叠嶂，环如城郭，溪清流澈，游鱼可数，古树新篁，秀麦桑桑，茅屋四五家，隐约其中。"这便是当年吴畦公所隐居之库村的真实写照。

吴氏和包氏在此繁衍生息迄今已一千多年，时光流逝，可以想见，彼时所居茅屋早就改头换面，而为更坚固更扎实的屋宇居所了，此后随着世事变迁，朝更代换，居所也随之兴，随之毁；再随之兴，随之毁。到了近代，库村和其他地方一样，经历了战乱和动荡的岁月，而后迎来了和平的年代。

近些年来，随着政府和民间有识之士对古村落的重新重视，库村经历了几次相当规模的古建筑修缮和巷道、墙体等的建设，村容村貌有了极大的改观，有了如今古村落相对完善的生活环境和旅游功能，库村也先后被列入省级"美丽宜居示范村""省级历史文化村落保护重点村"及"中国传统村落"名单等。

访谈对象：包国福

访谈时间：2022 年 1 月 9 日、7 月 3 日

访谈地点：南浦溪库村包宅

包国福，库村人，1964 年生，祖父包圣悟，为库村武德堂起入公后裔。圣悟过世后，妻子改嫁他乡，其子包立飞也随之离开库村。包立飞曾加入地下党并参军，新中国成立后回到库村。

包国福为包立飞所育第二个儿子，同时也是家中第一个在库村出生的孩子。包国福 5 岁时父亲过世，因受继父善待，包国福一直念完高中才进入社会，曾在福建做木工十余年，后回乡种香菇，也制过香菇菌种。

包国福于 2002 年开始任库村村委委员，2010—2020 年任村书记，亲历了库村古村落的修复。本口述旨在通过他的回忆，大致复原当年古村落修复的情况，以留作历史的记录。

本口述分为两部分，一部分为包国福简略回顾当年古村落的修复情况以及实地走访现场，讲解当年修复工作的一些细节。另一部分为当时负责施工的石工工匠王永转和木匠包长族等人，回忆当时施工时的情况以及介绍相关工艺技法。

为方便阅读，口述内容均为宋体字。

## 古村落保护其实从2006年就开始了

库村古村落的修复，其实从2006年那次地震之后的灾后重建就开始了。

2006年，新浦乡、联云乡、包垟乡发生6.5级地震，村里好几栋土墙房子出现裂缝，当时很多村民都想拆掉重建，县委、县政府成立了灾后重建领导小组，到我们村开了三次会议，都认为像库村这么有历史文化底蕴的古村落保存下来的不多，拆了太可惜，最好保留。

经过多次讨论研究，县领导做出决定，保留古村落。

保护古村落是很有意义的，因为整个泰顺像我们保留得这么好的古村落很少。

当时的政策是，新房子盖到外面的，照样享受灾后重建的政策。古村落的木结构房子基本上翻修瓦片。变成危房的土墙房子，有裂缝的就修。

这些维修的费用，农户自己出一部分，政府补助一部分。农户自己会修就自己修，自己不会修就请师傅修。

灾后重建前后花了两三年时间。村里新盖了几栋。那时候古村落没有要求绝对不能建新房子。现在新房子就不能建了。

从那以后，古村落的原来样子就基本上这样保存下来了。

## 2012年，开始维修门楼和围墙

80年代大家都住古村这里。90年代开始村里有人在门口垟和旁山垟一带盖房子，陆陆续续村民大都搬到外面去了。

古村落里的老房子没人住了，有的就拿来当附属房养鸡鸭，院子多被用来当菜园种菜，破破烂烂，乱七八糟。

很多围墙出现倒塌现象。像恒德堂的围墙，倒塌了两三米宽，露出了很大的缺口，如果不及时抢修，会影响到周围墙体。那时候经常有摄影师来拍照，也涉及安全问题。

那时候我已经当选为村书记，摆在眼前的这些问题，无形之中给了我很大压力。

我就去县里找旅游局，那时候我也不认识那些领导，但是为了古村落，我也不管三七二十一。我就找局长，向他们要点资金，想把围墙维修起来。局长说没有钱。我说没关系，多也不想多，一两万、两三万都行，我们逐年维修。其实工程量也还蛮大的。

不久后新浦乡并入筱村镇。参加县第十三次党代会时，我在会上发言，我说百丈、筱村在库区上游，要对温州市民的饮水水源负责，不能发展相关对水质有污染的产业。我们南浦溪有

圆弧造型的山根厝石砌围墙

丰富的自然景观，库村又是古村落，可以打造旅游。

会后不久，旅游局通知我去开会，答复了我的提议，安排了5万元维修金。我很高兴，召开村民代表大会，本着修旧如旧的原则，维修了恒德堂的围墙，还有树德堂的门楼、围墙和吴宅吴振国的老屋围墙。

完工后，财政局、旅游局、扶贫办相关单位来验收项目建设资金，夸奖说5万块钱能搞得这么好！修复工作这么到位！从此以后我也对古村落保护利用充满了信心。

## 2013年列入县级历史文化村落保护利用重点村项目

2012年12月，我参加温州市历史文化村落保护利用专题培训会议，省领导在会议上发言，说中国古村落要保护，中国的古村落每年都要消失掉很多。

他的讲话我至今还记得。他说，古村落消失了，中国的文化也会跟着慢慢消失。

这个话有点道理，因为“文化大革命”时受到破坏，我们的文化断层了。只有乡村还保留有一些传统的东西，像那些习俗、礼节，农村还有，城市已经没有了。

开会期间，我发现了市级重点扶持历史文化村落创建项目的名单里没有库村。我心里很不舒服，睡不着觉，想不通，我们这个古村落历史这么悠远，规模这么大，元素这么多，文化价值这么高，怎么不在名单上？

我就跑到县里找扶贫办主任，向他要求同类的扶持历史文化村落创建项目，他说名额没有了。我说没有也要想办法帮我们村安排。他说项目给你们，你们能不能做起来？他叫我先回去，先开个村民大会。

我想哪有项目拿过来，村民不同意的？我回到家里天已经黑了，心里很焦急，顾不得开村民大会，就给主任打电话，说村民一致同意。其实是想先报名，村民有问题我再去做工作嘛！

后来我们争取到了县级历史文化保护利用重点村项目的专项资金，以“一事一议”的方案实施，资金要用到位，不可挪用，修旧如旧，原貌风格不能变。项目分三年完成。

开完会，我们又回到村里召开村民大会，传达县级会议精神，讨论实施方案，确定以抢修为主：1. 修复屋顶瓦片，预防漏雨漏水；2. 更换破损严重的木料构件，防止房屋倒塌，除了公共场所和困难户，材料由农户负担；3. 选技术好的工匠师傅来修；4. 资金专款专用；5. 公平公正；6. 修旧如旧。

这个实施过程难度很大。要修旧如旧，保持原貌，做不好就等于破坏。特别是鹅卵石墙，我们在墙内用水泥，但墙面上不能被看出来，这对工艺就要求很高，一般的石匠师傅做不起来，要选有技术的师傅来施工。

修复工程我都是自己亲自抓，除上班外，那几年基本上每天早、中、晚三趟到现场监督。

那时候有些村民不理解，说，天天做石头，有什么意义。我说以后可以作为旅游资源，让人参观。他们说，房子破破烂烂，黑不溜秋，有什么好看；有的说，还不如都烧掉，盖新房子。

资金用下去，房子里面修的程度不一样，也有人说话。吴宅的说包宅那边弄得好一点；包宅那边又说，你是包宅的书记，怎么不把我们包宅做好一点？

我说我是库村书记，不是包宅书记，也不是吴宅书记。把一栋房子修好是没用的，我们只有把整个村子修好才有用，要整体修好，游客进来是看整片的，不仅这里搞好，整个地方都要搞好。

我这么说了以后，村民也就支持理解了。

那段时间，经常有各部门的领导来古村落，看到我们村里卵石墙修复得那么好，都夸我们。

当时资金应该用的是很到位的，村落里的围墙基本都修好了，67 栋房子基本都有修到。有些节点我们是边修边设计，最后的效果也得到了领导和群众的好评。

当时除了这 100 万，我们还争取到了文化局的 10 万资金，也一起用于围墙和老屋的修复。

特别是申报省级历史文化村落保护重点村时，县委书记还亲自赶到省里去对接争取，第一年没拿到，第二年接着跑，最后在 2016 年的时候拿到了重点村名额。同年，住房和城乡建设部、文化部等部门公布库村为第四批中国传统村落。这样就为库村古村落的进一步修缮争取到了可观的专项资金，用于古民居和道路等的进一步修缮，使我们这个千年古村的古民居和公共建筑以及公共空间得到了很好的保护和提升。

村民对古村落的文化自信和保护热情也提高了，那时候我们还办了古镇文化节，村民把家里的老物件、老技艺都拾起来，参与度很高。

采访完包国福书记的次日，我们与他在库村走了一遍，就他任书记十年间库村经历的三次维修做了一次简略的实地回顾。

## 与包国福书记行走古村落

以下内容着眼于库村古村落所修复的围墙、门楼、屋舍等，采取移步换景的片段式表述方式。部分则以附图的图片说明等形式解说。

没有修缮前的库村，路是没什么大的破损。但是很多房子漏雨，院子里就是菜地，养鸭、养鸡。以前对环境和旅游形象没这么重视，只是提倡保护，后来投入大量资金后面貌才有大变化。

食德堂这里的围墙原来就有的，但是破破烂烂的，倒塌了一些。没有门。我们也是边做边设计的。原来我们设想把食德堂和下面的外翰第的隔断围墙打通，把这两栋房子连在一起，但是下面那个房子的人不肯，就没实现。

食德堂屋子的瓦片，原来县级历史文化村落保护利用重点村项目的时候已经换过一次。后来又把屋子里烂掉的梁木换了，瓦片也重新换了。有些农户的房屋瓦片都换了三四次。2013 年修过，2014 年台风吹掉，又修。

维修的施工队都是我们自己找的。

澍德堂的门楼还是原来老的。屋檐有些木料换过，瓦片也换过修过。这个门楼是最早修的。澍德堂的院墙也是老的。这里原来塌掉了一块，有个缺口。如果不维修，就会整段毁掉。

这个房子修了一下，现在叫耕读书屋。这是第一批。换了很多房屋的桁条。都是请当地的

吴宅村中古老的房屋外墙

木匠师傅做的。修旧如旧。我们都是做木匠出身的，都会盖房子，所以心里有数的。

这拱桥是新造的。这里原来是断头路，所以要造桥连起来。原来还想搞走廊，可以让游客坐坐休息一下，后来资金不够了。

路两旁这些花草植物是农户自己种的。这家的老人家很爱种花，也很爱干净。原来这屋子前面是泥土的地，我们铺了鹅卵石。

这个房子就是武德堂，是我们老祖宗的。原来是七榴，后来废掉了两榴，这房子是清代乾隆年间的。我把这围墙往外扩出去一点，院子就比较宽敞。两头拐角的地方还特意做成圆弧的。

山根厝的门楼是库村最古老的。里面房子是老的废掉之后重新盖的，也有几十年了。这个围墙很特别，有点八卦造型的意思。60 年代时，集体土地不能多种，就在自己庭院里种菜，院子和围墙都破破烂烂，修一下种点花草就不一样了嘛。我们小时候都在这一带玩的。

这段围墙原来靠里面一点的，也全塌掉了。后来挪出来一点和山根厝的围墙连起来，围墙墙头盖瓦片。这头我们还设了一个圆拱的门，有造型一点。通往后面的竹林，很多人喜欢在这里拍照。

大部分的围墙做起来，里面都要用水泥的。这样做墙会牢固点，安全重要嘛。水泥塞在中间，两边是鹅卵石，外面是看不出来的。

施工的那些日子，我们每天都过来看两三趟。修好之后，当时北京一个诗歌协会会长问房子要不要卖？农户不卖。买卖是个人行为，我们是不干涉的。如果建筑有改变，按古村落的保护条例，那是不行的。

当时整个村子的围墙基本上都做起来了。

世英巷的这条石头路我们小时候经常走。那时候没什么鞋子穿，上山都打赤脚，到家穿鞋子。冬天脚踩在石头上很冷，夏天凉凉的，很舒服。

世英门前的这两个石凳被偷掉很可惜。我们小时候坐在这里当皇帝的。就在这里玩耍。古树附近的这些房子，都修旧如旧。

吴畦墓附近的这堵鹅卵石墙做完之后，一些大学生来参观，看见这一大堵墙又平整、又直，以为是用木板当模型。其实不是。我们有的师傅拉线，有的不用拉线，手艺都很厉害。当时做围墙，请了五六个师傅，都是当地的。

一个师傅，两米长一米高的石墙，要做一天。墙是越窄越难做，石头越小越难做。鹅卵石的朝向都有讲究，那是工艺，不是随便叠叠就可以的，还得讲美观。

那时候一天工钱280元，现在一天要400元。那时候我们去捡鹅卵石，无非出点工钱。现在要去买，还要运费。还有水泥，沙。如果换现在做，资金远远不够。

这个清音亭当时是菜地，农户舍不得被征用掉，因此我们做了很多工作。最后成功地说服了农户。

## 附一：库村古村落木结构建筑的修缮

（为便于阅读和理解，下文综合采访者所走访包长族等大木工匠们在施工过程中的断续讲述内容整理编辑而成。）

这些老房子一般都是长期没人居住，里面潮湿不通风，又长期缺少维护，比如屋顶漏水，山区雨水多，特别是夏季，水大量从某个地方漏下来，时间长了，这些木头局部被泡水，就会腐烂。

古民居木构件更换

腐烂的木头承受不住屋顶瓦片的重压，如果其中某一根木头断掉，那个地方就会整个塌陷下去，最后就会导致小范围的坍塌。

如果损坏的情况不是非常严重，一般就要做下面这些修缮工作：

### 【揭瓦】

我们要先把屋面上的瓦片全部收下来，收完了码到一边，这些老瓦片以后还要重新再利用，再覆盖回去。有些破损的，或者整块都损坏的，我们要想办法去找一些相似材质的瓦片补充。

现在很多古建筑修建，都用新式瓦片。但是这些旧的木结构老房子不适合新式瓦片，因为新式瓦片很重。这些老房子都是一两百年甚至更久，它的强度以及韧性的状况比较差，比较脆弱，不能承受太大的重量，那样不安全的。

还有就是新式瓦片比较厚，密度比较高，不怎么透气，也比较不适合我们这些修缮的老房子用，所以我们还是得找一些老的瓦片。

## 【拆换构件】

瓦片收完之后，我们要把这些椽子一根一根撬出来，归类存好。因为这种椽大部分都还能用的，一般如果没有必要的话，我们都不会去更换新的。

你看这老椽跟我们现在买现成的木条不一样，现成的木条是方形的，而我们老的这个它是由一根小树木对半剖开来，所以有一面是圆弧的，另外一面是平的，平的那面正好钉在梁上，有圆弧度那一面朝上，两根椽之间正好各有弧度，瓦片放上去就很顺，因为瓦片本身有个弧度，跟这个椽的弧度正好贴合，所以这种是最理想的。

椽收完了之后，我们就要看檩条梁柱等的情况，如果某个局部已经没用了，蛀坏了，或者已经腐烂了，需要更换的，我们就要针对那个地方去拆，慢慢地，从上到下，从外到里把它拆卸下来，这些构件也是要做标记，就是这一根是从哪里来的，未来要回到哪里去。

古民居屋面修缮中（包国福提供）

拆到需要更换的那个部分之后，我们要找新的木料，根据原来的结构，包括这个大小、样式还有材质，加工后进行替换。

一般理想的木材是杉木，因为它比较不容易变形，不容易引起蛀虫，像松木就比较容易蛀，一般只用作壁板，就耐久性来说杉木是最理想的。

还有就是我们泰顺山区常见的柳杉，也叫榅树，也是不错的。基本上就是用这几种材质的木材。

你看像这根正在加工的杉木，我们是要用来换一根横梁，原来的横梁有点腐烂了。

这么大的一根杉木，差不多要 400 多块钱，树龄估计有四五十年了。

我们现在就是要在两端做榫头，中间还要刨光。

换的时候把原来的那根很小心地敲出来，因为这些木头时间都很久了，比较脆弱，整体都比较脆弱。

敲的时候我们要很小心的，不要你一敲就把这个榫头给敲断了，那就比较麻烦。

比如这个屋面，你能看到的主要就是一部分椽和一些檩条，以及檐尾的挡水板，还有一根柱子。其他的都还是挺好的，就基本上不会去动它。

这根柱子，因为需要整根替换，操作起来就比较麻烦一点。

因为它牵扯到太多互相之间这种结构关系。这些交接点我们得一点一点把它敲出来。

## 【新与旧】

现在有些户主，对我们修缮老房子有一些自己的想法，他觉得反正修了，像一些比较细小的料子，他就希望你能给他换一根新的，换一根粗壮一点的。以前可能好木料也比较缺乏，也许是经济方面的考虑，用的料不是很讲究，有些柱子你看就是细细的。

但是一般我们不主张这样去做，因为既然是一个古建筑，它本身从历史记录以及文物价值方面来说，有保留旧的老的遗存的东西这么一个意义在。而不是轻易做一些非必要的更换，所以我们要跟户主沟通，让他们能理解，配合我们的修缮工作。

一般我们在修缮过程当中，一些拆下来的木料，如果只是局部破损、腐烂或者蛀虫，其他很大一部分是完好的，通常我们都会拿来改作他用，物尽其用，因为它还有它的历史价值嘛。这个倒不是出于省料这种经济上的考虑，是因为这些木头稳定性还会比新的木头要好。这个也是很多户主经常要质疑我们的。为什么不换新的？为什么还要拿这个破木头来再用？

## 【动和不动】

除了上面所说的这些必要的拆换部分之外，有些房子因为本身建造时候的技术原因，或者是后来因为气候或者地基沉降之类的原因导致向一侧倾斜。

像这种情况，我们就要用这种铁的葫芦把它往倾斜的反方向慢慢拉，一点点把它拉正。然后在一些部位做固定以及垫高，木构件的榫卯再锁紧，等稳定一段时间之后，再做其他屋面后续的修复。

另外，在修缮过程当中，我们尽量避免动到房子的脊檩，就是正梁，我们都不太去动它，除非你认为不换不行的。

因为根据农村的传统习俗，这个房子的正梁是比较神圣的这么一个所在，如果要动到它，得有一套习俗上的程序仪式，比如得确定是否利年，家庭成员的生辰八字是否有冲犯等等。还要择吉日。还有这个栋梁得符合材料的各种严苛要求，牵涉面太广。我们不能轻率随意地做这件事。我们得入乡随俗嘛，干这些都得尊重当地的人文历史、风土人情，民间比较忌讳的，我们一般来说不太去动它。

## 【传统工艺】

现在我们这些修复老房子的工匠们也都是一直从事木结构建筑的建造以及修缮的，经验都很丰富，也都习惯用传统工具来操作，你看我们很少用到这种电动的工具，还是用墨斗弹线，用这个手凿，用这个鲁班尺这些传统的工具来操作。

在拆和建的过程当中，我们使用的也是一些传统的工具，比如说这个石锤，它有一定的重量，像梁或者柱这些比较大型的构件跟其他的构件穿插结合起来的时候就是靠这个敲的，因为你必须要有一个能产生大冲击力的东西去撞击它，去敲它，那个榫卯才能很紧密地结合在一起。

你看这个锤子它就很有特点，它的手柄是由几条厚竹片叠加一起做成的，而不是一根木棒。因为我们敲击的时候得很用力，这种撞击产生的震动以及回弹的这个力量，会对人的手臂和身体其他部位有损害，而竹片的这个手柄是有弹性的，这些震动和反弹就会在传递回来的过程中被消解掉，所以我们大木匠，或者石匠，有些需要很大力去敲击一个很硬的物体的时候，通常都是用这种手柄的锤子。

## 【维护宜忌】

有些房子因为年龄太久了，修复之后你可能觉得焕然一新，其实很大部分的还都是原来的材料，没有去更换，只是在修复过程当中有一些特别需要的，我们会拿钢刷在表面稍微做一些清洁，表层稍微打磨一下。

我们一般不会用水去清洗，因为这些木头年代很久了，都很干燥，很容易吸水，水一冲上去，它马上就吸进去，就会膨胀，会对一些卯榫结构产生破坏。还有木头吸水之后不容易干，容易导致腐烂，即使干了也会使木材产生扭曲变形，这会对房子产生负面的影响。

很多人在清洁老房子的时候，都是用水直接洗，用高压水枪来喷，这是非常不正确的一个做法。

## 附二：库村古村落道路、院墙的修缮

王永转是筱村竹园人，70多岁。王永转22岁开始学做石匠，除了筑路、砌墙，他也做大桥、石拱桥，照他的话，“凡是用石头的我都做。”

自从库村开始修缮，王永转就参与围墙、路面的修复，已经断断续续做了十几年。

为便于阅读和理解，以下内容根据王永转在库村古村落实地走访他当年施工过的现场讲述整理编辑而成。

### 【原来是什么样的，我们就照原来的样式去做】

当时库村这个古村修复，石头的部分基本是我们几个师傅负责施工，我们都是做点工的，算天数。

做石头这个东西也快不了，像这种踏步（台阶），我们一天就只能做4级。

基本上这些石墙、路面都是修修补补的比较多，新做的算是比较少。

一般原来是什么样的，我们就照原来的样式去做，有些都塌掉了，要补上；有些鼓包出来的要拆掉重砌；有些歪斜不平的我们把它拉拉直；原来有些墙面石头的砌法是人字纹的，那我们也按照原来的这个样式去做。

有些是随意砌的，没固定图案，那我们也做随意的。都要按老的模样来。

### 【小石头和大石头】

你看这些小石头做的围墙，它不是贴上去的，它也是一块一块叠上去的。因为石头比较小，如果做比较高的话就容易倒，就得在里面塞缝的地方用到一些水泥，但是没露出来，外面你是看不到。

像这种小石头做的墙很薄，厚度只有20多厘米，这个要慢慢做，要做得快的话就容易倒掉。这个是细致的活，因为石头比较不吸水，像这个水泥在里面还没有凝固，然后你上面不停地这样堆上去，这个压得重了，就会给你压崩掉，你要等下面那些水泥干了才会牢，所以说不能做太快。

一般大石头就是要做一些高墙比较宽的墙，那小石头就只能做踏步、路面，和一些小的矮一点的墙。

比如说做这一堵这么长的墙，我们基本上就是先把地基挖下去一点，就像盖房子一样，做墙都要打基础，然后从那个下面开始做。一般墙脚要起得稍微宽一点，然后慢慢地做上去，两侧往中间收一点，这样子就比较结实，不容易倒。

这些大的石头通常要放在墙脚，靠地面的下面部分，然后往上做，石头就越做越小这样子。不能下面都是小石头，上面反而大石头压上去，这个不结实的。像小孩背大人。

还有，一般一堵墙都会有一个或者两个“码头”，就是这堵墙的起点和终点那个地方，也是要大石头，大一点的石头交错或平叠上去，这个断面就相对平整一点 ，也更结实。

## 【双边墙和单边墙】

这个围墙，有双边墙，有单边墙，双边墙就是两边都露在外面，要当正面来做的，要做好看、平整，中间塞一些小石头啊、泥土啊这些进去填实那些空隙的地方。

单边墙，比如说靠山坡的，那里面就是山嘛，就只要砌单面墙，一面是露在外面的，露在外面的那面做得平整美观就行，里面只要塞紧泥土之类的就可以了。

做一堵墙，要从这头到那头，先给它拉根直线，墙脚起来之后，再顺顺的一点一点地往上做，不是说一边先做到顶，然后再从旁边做到顶，没有这样做的，就是让一部分一部分顺顺的一点一点平均这样子做上去。

围墙做到需要的高度要收尾了，更要整体平整一点。做到一定的高度的时候，两块石头和它们之间我们叫“窝”那个凹下去的地方，就要提前考虑好，算好了，不然最后一块石头会凹凸不平。

## 【做石头路的规矩】

石头路一般先做路心，路心用比较大的，比较平整的石头，因为走路的时候一般都走路心，受力比较大，大块的石头比较稳也没有缝隙，好走。然后边上就根据路心这块石头的特点用小块点的石头把它补过去，往两边铺。

路是用来走的，首先要考虑这个功能，所以路面要做得平整，单块石头也要选面平一点的，圆形或者凹凸不平不规则的就不好。

墙面要做造型，比如说这个人字形的图案。石料很关键，像这种稍微长方形一点的才好做，如果都是圆的或者是不规则的，那就做不出来人字形。

石头露在外面的这一面，我们一般都是不敲断的，不然本来圆滑的表面，敲掉就不好看了。

做我们这个没有多少工具的，就是大大小小几把锤子，一个撬棍，一个钢凿，主要是靠手和眼光。

## 【自然生成的石头世界上没有两块是一样的】

做石头的时候，石头也没有特别去挑，因为你也不可能一个一个去挑，这样速度太慢，不现实。

所以这个就是考验你这个师傅的功底，就是你要用下一个石头的时候，眼睛一扫过去，就要在短时间内决定用哪块石头来接，这事不能让你慢慢考虑，也不能放上去不合又换一个。

做石头最难的就是你得看清楚石头的路数，这块石头它每个面都有什么特点，这个个性要掌握。

现在年轻人也没人学了，体力活，太辛苦了，一天到晚晒太阳。以前我也带过徒弟的，有个徒弟学得很快，三个月就会做了。

这个学也不能手把手地教他，就是在我们做的过程当中，他看着，理解我们这么做的原因，不懂的就问。

主要还是看他有没有这个悟性。石头有石头的走势，我们也根据每块石头的特点来做，还有，你做这一块石头的时候就要考虑到下一块石头怎么接，好不好接。

这些都要考虑。就是我说的这个要靠天分，这个自然生成的石头世界上没有两块是一样的，你得学道理，学方法，不可能一块石头一块石头地教做。

做石头，牢固是必须的，平直也是必须的，但是还得要美，看上去舒服，这个很要紧。你看像我做的这个墙面，很清爽的，干干净净的感觉。

要说老墙做得好，就是这个世英巷这里，这两边的这些墙做得是确实好，整个库村就是这里的老墙做得最好。

他的手艺虽然好，但是比我高也高不了。

# 【后记】

随着政府与民间对古村落保护意识的增强，库村古村落的维护与修缮，这十几年间一直在持续进行，除了本篇口述者包国福书记所谈自己任村书记期间所亲历的门楼、围墙、古民居、景观等的修缮和建设之外，近些年还致力于古村落夜景灯光工程的建设、道路路面的铺装、古村落外围建筑的外立面改造、节孝坊的重建等大工程，大大提升了库村古村落的整体形象。2022 年 4 月库村入选浙江省第二批未来乡村创建名单，成为探索未来乡村建设的新力量。

古民居

## 花絮 · 采访随记

寻访恒德堂、衣德堂和澍德堂等口述人及结稿的过程颇有意思。

去年底我们拟定选题时，确定了恒德堂的包长族和澍德堂的包独荣作为口述人，衣德堂则未列入名单。

彼时我们根本不知道这三大堂之间有关联。

今年4月份，我们走访包独荣老师时，很巧地遇见了正从温州前来探望父母的包淑菲女士。因包独荣老师年迈体弱，包淑菲和她的妈妈陈宝娟相继加入了“口述者”的行列，为我们提供了很多珍贵的记忆，也是在她们的言谈中，我们了解到原来恒德堂的包超庸老师（已过世）的爷爷与包独荣老师的爷爷是“同一个人”。

“我可以把包超庸伯父儿子的联系方式给你。”包淑菲热情地说。

就这样我们认识了恒德堂的户主之一，包超庸老师的儿子包达品，而他保存的旧物品中，赫然有当年包超庸老师在温州师范就读时的老师，弘一法师的弟子刘质平的手抄音乐谱本。同时结合包达品和他姐姐包燕月的口述及《库村包氏宗谱》，我们梳理出了包超庸老师的父亲包际春，一位早年留学日本的国民党军官的际遇，以及包际春的妻子，一位留守在家乡的女子，如何在艰难的岁月里，尽心竭力维持一家的生计。

我们决定将衣德堂列入口述名单，是因为在与上述口述人交谈的过程中，了解到包超庸老师和包独荣老师的父辈为亲兄弟，分别名包际春、包融春、包锦春、包蔚春，所居分别为恒德堂、衣德堂、澍德堂，这四个兄弟遭际各自不同，他们的后代也因此有了各自不同的人生，这是家族的历史，也是时代的历史。

我们辗转找到了衣德堂原户主之一包融春的后人包晓阳。又从包晓阳的弟弟包晓光提供的旧资料里，发现了当年四兄弟中最小的弟弟，去了台湾的包蔚春的夫人于80年代写给家乡亲人的信件。阅读这些信件，回顾这些相关口述人对父辈和祖父辈的回忆，颇令我们感慨。也是我们做口述历史的乐趣和意义所在：从口述人的讲述中发现新的线索，根据新的线索探寻原来不可知的历史真实，通过文字及图片的形式记录及保存这些历史真实。

所以结集的包氏古民居相关口述，结稿的顺序和采访的顺序不同，我们遵照“长幼有序”的传统来编排结稿，依次为：恒德堂、衣德堂、澍德堂。其中四兄弟中最小的包蔚春，因为后人不在库村，其人其事，散落于这三篇口述中。

# 古民居·故事　恒德堂

# 写在前面

恒德堂原为二层七榴木结构民居，所住原为两户人，其中一户为柏长房的后人，另一户则为柏五房的后人。两户人的同族关系相隔甚远，却同居一个屋檐下，令人好奇。

本篇口述分别采访了恒德堂户主之一的包长族老人和包达品老师，通过他们的讲述，不仅厘清了房子的来历，还带出了关于口述人各自的身世和遭际。

恒德堂的历史和故事，包长族是听长辈口传，笔者通过采访记录，对照《库村包氏宗谱》逐一梳理，大致确定了他的讲述。有疑点部分，则注以待考。

访谈对象：包长族、包达品等

访谈时间：2022 年 3 月 18 日、4 月 12 日

访谈地点：南浦溪镇库村

包长族，生于 1951 年，祖上曾有功名，至爷爷辈，家境仍殷实，土改时家庭成分被评为富农。包长族念书至初二，初三时“文革”开始，学校停课，便跟村里其他孩子一起当“红小兵”，也曾背着棉被跟随老师出去串联，后回家乡学习木工。1999 年，包长族从务工的福建地区回到库村，此后一直在库村生活。

包达品，库村人，生于 1964 年。包达品即为起洙公的第四代孙，现任南浦溪镇中心学校体育老师，曾获全国模范教师、全国农村优秀体育老师、浙江省农村教师突出贡献奖、温州市教育年度新闻人物、“感动泰顺十大人物”、“泰顺最美教师”等称号。

# 包长族口述

## 恒德堂是整栋房子从联云拆过来盖成的

我叫包长族，这栋房子是我祖宗盖的。从我这辈往上数第五代的祖宗。

〔注〕包长族的五世祖天录，一名梧冈，字子栖，号苍庭，生于嘉庆己卯年（1819），清咸丰戊午年（1858）援例入监。卒于光绪乙未年（1895）。

但我们发现房子厅堂左首的门楣上方贴有官报，字迹依稀可辨，有“朴田”二字。“朴田”为天录的兄长天朗公的号。如果是天录公盖的房子，怎么会贴有他兄长天朗公的官报？当然古时亦有把官报贴到沾亲带故的亲戚家中的情况。又或许，房子不是如包长族所说为天录公所盖，而是天录公和天朗公的父亲兆广公所盖？但查《库村包氏宗谱》，天朗公的后裔并不在库村，或许他们早早迁往他处。待考。

按《库村包氏宗谱》，兆广公字厚之，号博堂，乡耆。兆广公生于乾隆辛亥年（1791），卒于咸丰丙辰年（1856）。

据说这个房子本来是联云那边人家的。因为朝向不对，就想卖掉。我祖宗看这个房子设计得很好，就买下来，是整栋拆下来再移到这边，按原来的样式重新搭建起来。是这样子的。

我祖宗是很发达的，可能他田很多，有好几十亩上百亩，就把田租给别人种，他收租。

他生了三个孩子。建了新房子后，大儿子分在厅堂的左首。

〔注〕天录公大儿子名起先。

第二个孩子就留在祖屋老房子那里了。

恒德堂的右首檐廊

〔注〕天禄公次子起入留在老房子那里，即武德堂，是有据可查的。因现在拥有武德堂部分房产的即为起入公的后人包长彩。

第三个就是我的太太（高祖父，即曾祖父的父亲。下同）。住在厅堂的右首。按我们的老规矩，左首为大，所以大儿子住左首，小儿子住右首。

厅堂左首的那个阿太也是很有本事的，好像他和我的阿太分家的时候，想要得到更多田地，我阿太那时候才 13 岁，他也很厉害，他就不肯。听说还因此打过官司。后来他们就合不来了。

〔注〕“左首的阿太”指起先公长子圣怡。“我阿太”指包长族的曾祖父，名圣快。圣怡与圣快为堂兄弟。

后来厅堂左首的那个阿太就把房子卖掉了。卖给包超庸老师的爸爸。他就搬到罗阳去了。

〔注〕按厅堂左首那位曾祖父圣怡，生于同治己巳年（1869），包超庸老师的父亲包际春生于 1903 年，二人的年纪相差悬殊。

包超庸老师的祖父，即包际春的父亲焕琪为圣霑公二子，字仲玉，号日垣，行名载琅，生于同治三年（1864），卒于民国十九年（1930），民国壬子（1912）被选举为县议员。彼时焕琪公应是村中有家底之人，包际春是他的长子，又早早成家生子（包超庸生于 1923 年），所娶又是翁山大户人家的女儿，按当时风俗，应该从大家庭中分出去，自立门户，拥有相对独立的房产，但以包际春彼时的年纪，不太可能独立置办房产，所以，从包长族祖宗手上买厅堂左首三榴房子的，推断是包际春的父亲焕琪所为（本篇另一口述人包达品老师也确认是他的曾祖父焕琪从迁往罗阳的包氏族人中买的房屋）。

按包长族所说，圣怡公因为与堂兄弟不合，早早举家搬到罗阳去了。那么焕琪有可能是从圣怡公手上买的房子，当然也可能是从圣怡公后人手上买房。

按我算起来，这个房子差不多有 200 多年的历史了，到我这边就有六代了。算上它在联云的时间，它的历史更长。

〔注〕无论是天录公，还是天录公的父亲兆广公，均是 19 世纪生人，所以不管是在谁的手上盖的，房子落地库村的历史的确可以按 200 年左右计。

我的太太有两个孩子。小的后来住到门口垟那里。

〔注〕按《库村包氏宗谱》，包长族的高祖父起映公生有三个儿子，其中二儿子无后，所以包长族说他只有两个儿子。

我的阿太（即曾祖父，下同）是大儿子。我阿太只生一个孩子，就是我的爷爷。

〔注〕包长族的曾祖父圣快，生于光绪乙酉年（1885）。圣快生一子，载辉，生于光绪乙巳年（1905）。便是包长族的祖父。

## 此后恒德堂就一直是两户人家共住

我爷爷是独子，那时候他有很多田的。后来他也感觉到要土改了，那些田地本来是租给别人种的，他就说送给你种好了。后来他的成分就评了一个富农。

我爷爷早年就跟村里几个人出去发展了。去福建那边做棉花。我二叔也去了。本来我爸爸也去，去了就被骂了。我爷爷骂他，说家里那么多东西，你不看着点？

后来我爸就回来了。二叔在福建就没再回来。

〔注〕载辉生三子：国忠（生于1924年）、国恩（生于1927年，后迁居福建）、国志（生于1930年）。

我爸是家里最大的。我三叔是包国志，以前是泰顺县商业局局长。我婶婶是教书的，以前在翁山教书，后来就调这边来了，也有在这房子里住过。

所以这房子，厅堂的右首，基本上都是我家住。左首就是包超庸老师一家住。

我爸生我们兄弟七个。我是老大。我1951年出生。我18岁的时候，我最小的弟弟出生。

〔注〕包超庸老师的大女儿于20世纪40年代出生。包超庸老师共生育有子女七人，所以从20世纪40年代到20世纪70年代，恒德堂先后有十四个孩子，想必非常热闹。

当时我们是四代人一起住。

1958年““大跃进””的时候，我们这座房子被征去当粮仓，墙壁被拆掉，几间房打通，批上石灰。二层的楼板挖掉一个大口，粮食从楼上倒下来。

〔注〕恒德堂的后面部分，原来是厨房的位置，60年代也被村里征用，并入当年的粮管所，

恒德堂的房间墙壁上仍留着当年抹过石灰的痕迹

作为晒谷子的地方。

1974年，我刚好24岁了，做木工也出师了，那时候我家里兄弟那么多，我爸爸就去公社反映，说这边地基都给你们粮管所搞掉了，我小孩又这么多，实在住不下了，公社就在附近找了一点地基给我们来盖。

后来，我们在那里盖了一个土墙房。我妈很爱住在那边。她今年92岁了。

后来我兄弟们又陆续在外面盖房子，所以老房子属于我们这头的就空掉了。

只有包超庸老师他们还一直住在这边。

本来我家这边是三榴的。后来我三叔把属于他的那榴拆掉了。拆下来的木料、瓦片拿去附近的地基盖了一个房子。

那时候大家也不懂得老房子的价值。那是1977年。现在来讲，可以说被破坏。但以前没有那个说法。

我二叔早早就死了，他的后代也都没有回来。对老家也没什么概念。

# 包达品口述

## 困难的岁月，奶奶是家里的顶梁柱

我叫包达品，出生于1964年。我有三个姐姐，两个哥哥，下面还有一个妹妹。我们七兄妹都是在这老房子里出生的。

加上我奶奶，我父母亲，一共10个人，都在这里生活。以前厅堂的这边都是我们的，土改的时候分给别的住户了。所以三榴变成了一榴半。我们就挤在一起，楼上楼下都睡。

院子里也种点菜。还搭了棚，养猪养鸡养鸭。

那时候家境真的很困难，我爸原来是老师，“文革”时被打成右派，下放回库村，劳动了二十几年。

家里就靠我奶奶织布，赚点钱来维持生活。我奶奶姓翁，是翁山人。很善良，平时不太说话。

我们家的状况一直到我爸平反后才开始好起来。1978年，真正有消息传过来，我爸摘了右派的帽子。后来他就去南峤那边代课。

那时我们就不让奶奶织布了。她一直到一九七几年还织布。

〔注1〕包达品的爷爷包际春，生于1930年，浙江省警官学校毕业，后留学日本，毕业于日本明治大学，回国后曾先后任重庆市、贵阳市、兰州市公安局局长等职，卒于1951年。

〔注2〕按《库村包氏宗谱》，包达品奶奶名翁菊，翁山外洋翁宗跋公女，生于光绪庚子

年（1900）。翁菊所嫁之际春生于1903年，二人年纪相差3岁，按那个年代的风俗，他们的婚事应是父辈安排。

又，按包达品父亲包超庸老师生于1923年（包超庸老师有同母弟妹三人，弟弟十几岁时病逝），即包际春20岁便当了父亲。以彼时国内刚经历五四运动，风气开化，而际春又就读于警官学校，不妨大胆猜测他是不满意自己的婚姻被“包办”的。也几乎可以确定，他婚后不久即出国留学。

包达品的翁山外婆家旧照。（包达品供图）

在日本留学期间娶了第二个妻子，即旅日华侨周淑英。

我爷爷是非常爱国的，在日本留学期间，国内抗日战争爆发，他就带上妻子回国，积极投入抗战。

〔注〕回国之后，包际春因富有才干，三十几岁便身居公安局局长要职。

新中国成立前他回过家乡，想带我奶奶去杭州。我奶奶跟着爷爷到了瑞安的码头，不知什么原因——可能是怕坐船，就不去了，一个人回家，当时爷爷还买了条裙子给奶奶，那条裙子奶奶一直没穿过，放那里终老。从那以后，我爷爷就再也没回家过了。

〔注〕包达品老师的奶奶于1996年过世，享寿97岁。她的儿子包超庸老师过世后，与她葬在一起。

## 父亲是一个乐观的人，也乐于助人

我爷爷应该是新中国成立初被政府镇压的。他的遭遇对我爸肯定有影响。但是我爸从来没跟我提起。我爷爷后来也没被平反，这是历史问题。

我奶奶是大户人家的女儿，新中国成立前我们家的家境应该是可以的，所以我爸才会去温州师范念书。听说他的老师是弘一法师的弟子，但是我也没听我爸讲过他在温州念书时的故事。

他从温州师范毕业后，在司前、百丈、罗阳都教过书。

〔注〕估计很少有人知道包超庸老师还当过兵。

我 1964 年出生的时候，我爸已经被打成右派了。

他还是比较乐观的，他在家二十几年，每天都去参加生产队劳动，去种田。

他自己学医，懂得一些草药，别人骨头断了，他也会接。只要有人叫，不管是下雨还是多冷的天，就算半夜，他都会去。

四月间，恒德堂围墙上盛开的“风车茉莉”

包达品祖父的戎装照。（包达品供图）

他很爱种花，院子里，还有房子的后面，都种了很多花。

我父亲手工做得很好，家里的楼梯是他做的，他还会木头雕刻。

〔注〕包达品三姐回忆起小时候夏天石头路很烫，父亲曾经切了片木板做拖鞋：但是很滑，“底壳……底壳……”，很响。

退休以后他去六中那边代课，教自然科学，做了很多标本。都是他自己去山上采集过来的，飞蛾，各种各样大大小小的蝴蝶、毒蛇头，他自己培养的草履虫等，现在有些标本还存放在六中。可惜蝴蝶标本被一个老师酒后毁了。

他在温州师范念书的时候，有没有跟刘质平学音乐我不清楚，但是跟他学武术我是知道的。我爸会打拳。

他音乐是很好的。会唱歌，他 89 岁的那年，我们村里搞音乐晚会，他还上台表演独唱。唱老歌曲，音调很高的那种。

他也会弹风琴、拉二胡、吹笛子。就是那种有踏板的风琴。他会弹、会修，还会把几台没用的风琴拆掉，组装成一台可以弹的风琴，那台风琴后来就放在家里，我妹妹以前回家还会去弹。

他还会作曲。在南峤教书时，自己作词作曲，《赞扬南峤好风光》，教学生唱，那时我妹也会唱这首歌，很优美。

后来去筱村代课，他就教音乐。他在新山中心校当老师（兼总务主任），直到退休。退休后去六中代课，他也教音乐，还兼职校医。学校离医院比较远，他就备些常用药品，以备学生头痛感冒之用，从不收取利润，有些家境困难的学生，他还免费帮助治疗。

我爸爸可以说是全能的，学校哪科缺老师，我爸爸就去教哪科。就是英语不会。其他任何科目都难不倒我爸爸。

他还会变魔术。记得我读小学的时候，公社每年元旦都有文艺汇演，有一次我爸爸去表演变魔术，道具也是他自己动手做的，那是我第一次看他变魔术，只见他用力把钉子钻进身体里面，道具上的钉子没有了，爸爸当时表演得很逼真，我都吓呆了，很紧张，全场鸦雀无声，我想每个人跟我一样也都吓呆了。后来，爸爸又从身体另外一个地方找到钉子，慢慢地又把钉子从身体里面拔出来，全场掌声不断。

我爸是 2014 年过世，那年他 92 岁。我妈是 90 岁过世，他们是同年出生，所以 90 岁的时候，女婿外孙给他们送了贺匾。

他从来没有在我面前提起自己的父亲。我们也没有问。我爷爷的信件什么的，就算有，我们也没见过。

他自己的身世和经历，也没有文字留下来。那时候我们都没这方面的意识。有一些医药方面的书籍，在我二哥那里。

〔注〕包超庸老师曾在 87 岁时编写了一本健康小册子《祝您健康长寿》，收录了自己数十年积累的草药方，主要治疗鼻炎、外伤出血、烫伤、抽筋等日常病症，自费打印了 200 本送给当地村民和退休教师协会。他在小册子的后记中提及自己 50 多年来替人接骨疗伤不下百人，但因各人情况不同，所施手法也不同，所以无法介绍。可见老人家为人做事之严谨中正。

## 叔叔们曾经回来寻亲

在新疆的叔叔们曾经回来库村这里寻亲。

〔注〕包达品的爷爷际春与后来所娶旅日华侨周淑英，相继生了三个儿子两个女儿。

《库村包氏宗谱》有相关记载：继配旅日华侨周淑英，生子三，海清，世楠，荣秀。女二，长名文樱，适查天恩；次文澜，适徐常敏。

海青，生于 1937 年，新疆乌苏市长征厂干部；世楠，生于 1943 年，在新疆乌苏市三运工作；荣秀，生于 1946 年，新疆克拉玛依公路段职工。

恒德堂板壁上的官报旧迹

那些叔叔之前在杭州，后来可能因为我爷爷的问题，先后去了新疆。

先回来寻亲的是大叔海青。当时大叔看到新疆的奶奶笔记本里有二爷爷（包达品的二叔祖包融春，业医，是兄弟四人中唯一留在库村的）的名字，也知道泰顺老家有个哥哥，他们就想回来寻亲。

那是 1991 年，他们先到温州。从温州坐汽车去罗阳的路上，突然有个包裹掉在我大叔头上，包裹的主人就向叔叔道歉，然后问他们来干吗？大叔说回来寻亲的。刚巧那个人的爷爷也是学医的，知道我二爷爷的名字，到罗阳后联系了二爷爷的孙女，二爷爷的孙女又联系了我们。

后来我和我二哥去了罗阳，叫我一个在车队开车的表姐夫把我大叔他们接过来。

记得那天到这里的时候 6 点左右，天都黑了。

应该是那年的下半年。那时候我奶奶还在世。大家见面，我爸我妈，还有我们，都陪他们去祭祖先的坟。

他们那次来，在这里待了一个多月。大叔的儿媳住楼上，大叔和婶婶住楼下。当时我在筱村，我二哥也在筱村，我姐妹她们都嫁出去了，这里的房间都空着就可以住了。

我二叔叔的女儿也回来过，是 2012 年元宵节，那时候我爸我妈还在世，她自己一个人回来，是代替二叔回家探亲的。

第三个叔叔回来，是带着他妻子、他儿子，还有他儿媳妇，他们的孙子。那是 2019 年正月初六。我父母亲都已经过世了。

现在，我的大叔叔和三叔叔也都去世了，三叔叔是 2020 年去世的。

大叔叔回来寻根之后，我们开始有联络，但是也都不谈上辈的事情。

## 当体育老师，运动天赋可能是从父亲那里遗传的

我爸平常对我们的要求是很严格的，如果我们不听话，也会打的。我也挨过他揍。

我奶奶和我妈妈都是很慈爱的，我们兄弟姐妹的关系很好，大家很团结。

大姐、二姐、三姐和大哥都没怎么读书，因为当时家庭很困难。二哥读了初中，后来去当兵。他当兵的时候就在部队学医，退伍回来就去了医院工作。之前是在南浦溪医院当院长，后来去筱村医院当院长。现在是罗阳镇中心卫生院书记。

我读到高中，后来顶替父亲进了学校，当体育老师。我在筱村镇中心学校教了 10 年。然后去联云小学教了 3 年（兼总务主任），后来就一直在南浦溪镇中心学校任教（并兼任了 16 年总务主任）。

当体育老师是我自己的选择，我爸没有干涉。我的运动天赋，可能是从我爸那里遗传了一点。他的体格是很好的，平常会打拳健身。

我父亲平常乐于助人，帮人家看病都是免费的。不过我自己后来献血，做公益事业这些，

包燕月收藏的祖母亲手抽茧加工织造的绢质被面，是当年送给她的结婚礼物。绢面有着细致的立体菱形花纹

倒不是他要求我这么做，是我自己的想法。能够帮得到别人的就多帮点嘛。

〔注〕包达品老师是“献血达人”，自2002年开始第一次参加献血，20年来共献血35次，全血9次，血小板26次/24200毫升，相当于全身换血6次。获得过温州市无偿献血先进个人、全国无偿献血奉献奖金奖、银奖等荣誉。

同时，包达品老师还是泰顺县壹家人公益联合会工会主席，南浦溪服务站的站长，开展各项公益活动，服务人群高达3000多人次，帮扶贫困学生、孤寡老人、特殊群体累计400余次，帮扶物资、助学金等50多万元（资金来自云湖帮困、社会慈善事业基金会和爱心人士等组织及个人）。——资料来源：南浦溪镇中心学校（2021年）

# #包燕月口述

（本小节内容为包超庸老师的三女儿包燕月用方言讲述，文中基本保留讲述者的方言用词和表述习惯）

我是四个姐妹，我第三。我有三个弟弟。我妈妈是先生三个女的，再生三个男的，最后再生一个女的。

我今年 69 岁。1954 年生的。

那个时节真的是困难。听上辈人说饿饭的那个时节，没什么东西吃，山上能吃的树叶都摘完了。

〔注〕1959 年至 1961 年间，由于““大跃进””运动和牺牲农业发展工业的政策，以及同时遭受大面积自然灾害导致了全国性的粮食和副食品短缺，发生全国性的饥荒，泰顺亦未能幸免。

我们小孩也都是清水硬饿的，饿到脱壳。有一次，我都饿到坐在那边话也不会说了，头挂在一边。后来我妈赶紧去借了一个蛋，炖起来吃了，我才转过气来。

过重午（即端午节），包粽子，那时节没米，米很少。我阿婆去外头买了点麦豆来，又去买了一些小麦，麦粉磨好，放水进去和麦豆拌一起，这样包粽子。我那个三弟，他吃又很想吃，但是吃是真的不好吃。他咬两口又放下来，咬两口又放下来…… 那时他还小。

我阿婆当年就是织布。我们小孩都要帮忙，比如她把布（纱）卷上去，我们就要帮她穿扣，

包燕月祖母亲手织造的拦腰布和织带

梳布（纱）。

〔注〕此工序的目的是将棉纱梳理顺服，方便上织机穿梭织造。

还有养蚕、抽丝。那时节家里都有养蚕，蚕丝都是我阿婆自己抽的。当地也有很多养蚕的把蚕茧挑过来，请我阿婆帮忙抽丝，这个是算工钱的。

我阿婆要抽丝了，那我们姐妹就帮忙。要用一种工具，要用脚踩的。大口锅里水烧起来，蚕茧放进去，我们要一直踩，然后我阿婆把蚕丝抽起来，拉到那边去。这个丝非常细，就像头发丝一样。丝抽好了，晾干，然后就用单条丝来织，织绢。什么花纹图案我阿婆都织得出来的。

当时都是别人请她织，她就算工钱。我阿婆了不得聪明，这些她都是自己就会的。

那时节，谁要有一件绢的衣服或者裤子，那就算是了不得的好了。

我出嫁的时候，我阿婆还织了一床被面送给我。

我阿婆那双手呀，什么都会做，叫剪拿来，什么都会剪得出来。做鞋什么的，那是寻常事。小孩子的鞋，当年她做了很多，还未出生就给他们准备好。

还有拦腰带，她都织，那时节，女儿出嫁都要准备很多这个。还有背小孩的背巾，我阿婆也织了很多。

那时节，夜夜都两架纺车在纺棉花，点着火篾灯。火篾都是去翁山背来的。

〔注〕早年农村未通电时，多以煤油灯或矿烛照明，更古早时则依靠燃点干燥后的竹篾片，即俗称的“火篾”。翁山为包燕月的奶奶和母亲的娘家。盛产毛竹，民间有“翁山竹，筱村糍”之说。

我阿婆包脚的，就这么点长。走远路也去，要走慢点，不然脚会疼。

〔注〕包脚，即缠足，又称裹小脚。古时女子自幼儿期即以布条紧缠双足，使足骨变形，足形尖小，走路只能用足跟勉强行走。

去寻饭吃，我阿婆寻煞的。一家人吃的，都是我阿婆去找的（注：推测当年家庭成分的原因，让老奶奶出去可能比较合适）。东去西去，去到叶山，买些黄芥菜，布袋装着夹在胳肢窝。叶山很远的。他们叫我阿婆莫走大路，怕被他们拦截拿走。拿回来后就是混点什么粉进去，弄点糊吃。

我阿婆后来一直活到 97 岁那年走。她身体好的，穿针都不要眼镜的。

我阿婆应该也识字，读过书的，她也是好人家出来的嘛。

# 古民居·故事　衣德堂

# 写在前面

衣德堂位于库村古村落最西边，为二层七榴木结构民居，有相当阔敞的院落，村里老人说这房子的年纪比它旁边澍德堂的年纪要大，足有 200 多年历史。

衣德堂目前有五六户户主，曾经都是包起洙长子圣霈公的后代。包起洙次子圣霏公的后人分别在杭州和厦门定居，目前库村并无他的血脉。

本篇口述人包发统和包晓阳的祖宗分别为圣霈公长子焕琳及圣霈公次子焕琪的后人。包发统将讲述他耳闻的关于衣德堂的故事；包晓阳则讲述关于他的爷爷及父亲的故事。

包发统为八十几岁老人，关于衣德堂的历史及掌故本来就在村人间流传不多，他所讲述，也只是零星片段，但弥足珍贵。因他毕竟在这里出生长大，对它有感情，估计在他身后，他的儿孙辈及更年轻的村人，就连这些零星片段都无法讲述了。

访谈对象：包发统、包晓阳

访谈时间：2022 年 4 月 12 日、4 月 17 日

访谈地点：南浦溪镇库村

包发统，1941 年生人，为焕琳公曾孙。

包发统老人的口述内容用方言讲述，文中基本保留了讲述者的方言用词和表述习惯。

包晓阳，库村人，生于 1958 年。父亲因右派问题而被错定为坏分子，受此影响，初中未毕业就学做小木作手艺，后顶替祖父在当地卫生院工作。今已退休。包晓阳的祖父包融春，为焕琪公第二个儿子，也即前一篇口述中包际春的弟弟。

包晓阳虽然对家族的历史了解不多，但只言片语中，可以窥见时代对家族及个人的影响。

# 包发统口述

我名叫包发统，是“发”字头，我儿子是“其”字头，孙子是“祥”字头。我今年八十几了。耳朵有点聋了。我是在这里（指衣德堂）出生的。现在住在市场那边的新房子。

这房子现在有五六个户主。

〔注〕虽有五六个户主，但衣德堂现在基本无人居住。包发统虽已经八十几岁，但身体健朗，时常在老房子走动，养鸡种菜。照他的话说“种田人嘛，自由一点，发财是没有的。”

前间这榴是我的，祖宗早前买的，从堂爷爷那里花了 135 个银番钱（即银圆）买的。那时一个银番钱可以买三十几斤猪肉。

〔注 1〕泰顺传统木结构民居通常会在房屋正中处设一明间，多为穿堂敞厅，作为公用空间，当地俗称为“前间”，一壁之隔的后间称“后堂”。

〔注 2〕衣德堂为二层七榴木结构民居，应该是起洙公生前所造，之后由他的两个儿子共有，到了孙辈，人数则达到

衣德堂后堂檐廊下的石制水缸和水槽

了九个，可谓人丁兴旺，所以后来又在衣德堂左侧盖了一座二层五榴木结构房子，即澍德堂。在这个过程中，孙辈又生儿育女，有的另择地造房，有的迁往他处，有的则卖房或卖地，所以才产生各种关于祖宗房产变迁的故事。

这个房子盖起来已经有 200 多年，以前失火烧过一次。最早是单层的。

〔注〕衣德堂前间头的正壁上有一寿匾，上书：萱茂兰阶。为当年起洙公（即国学生包学孔）母亲罗氏七十寿辰的贺匾。按起洙公生于嘉庆十年（1805），卒于光绪二十八年（1902），道光戊子年（1828）援例儒监。

这几座房子里面这座最先盖的，下面那座（指澍德堂）才 100 多年。牌坊那座（指外翰第）也是这座分出去的，是同个祖宗。

恒德堂是买来的，以前是国雄的房子，后来给长锵的上辈买来。

衣德堂楼上前廊一角

〔注〕长锵，即包超庸，村里人还是习惯按排辈的名字称呼他。

食德堂也是同一个祖宗出来的。以前这些房子都是盖单层的多。

〔注〕食德堂为包涵后人所住。包涵的父亲文澜公与起洙公是兄弟。

包晓阳是我们同一个祖宗的，我们的阿太（指曾祖父）辈是兄弟。我们这座厝原来也有他们的房产，土改的时节，属于他们的那榴被政府分给了贫农。

匾本来有的，以前挂在门楼，我们都见过。那是祖宗的老匾，跟里面的匾一样大，是“文化大革命”的时候破坏掉的。狮子也是“文化大革命”时被破坏了。

〔注〕包发统所说的匾，指写有“衣德堂”的牌匾。现今村人口传的几个堂号，目前仅“食德堂”的牌匾保存完好。

抗美援朝的那个时节，有面铜镜被我的堂嫂卖掉了。以前还有一些锡的烛台、锡的茶壶放在她那里，都被她卖掉，那些都是大众的东西。

狮子和铜镜是挡对面山的白岩的，挂在前间头的柱子上，有两个窟就是挂这个东西的。

前间两边板壁的那几张字是包长沛老师写的，他也是我们这里分出去的，是我们同一个爷爷，我爷爷兄弟五个。

〔注〕包长沛老师为焕琳四子宗训的孙子，生于1922年，毕业于温州师范，长期从事教育事业。长沛老师写得一手好字，如今库村的供销社、五榴厝等建筑依然留有他的字迹。

包长沛老师的祖父宗训，是当地有名的医生，也做了很多公益事业。包长沛老师的哥哥长泗又承父志，经营药店50余年。长泗和长沛这一脉，子孙也各有成就，是焕琳公后人中相对“旺”的一支。

我们前面溪边这里以前都是田。以前老的医院就建在这里，后来卖掉的。被他们买来盖房了。

厝边这些闲屋都是我在用，放些篾垫、箩筐、番薯匾……

横坑的许超是我的姑公，我的姑婆嫁给他。后来我的姑婆回到库村，都吃素，也死在这里。

〔注〕包发统所说的姑婆即他祖父的姐妹，为焕琳第二个太太所生。焕琳为起洙公长子，行名载瑄，字璧臣，号月峰，生于道光庚戌年（1850）十月，卒于宣统辛亥年（1911）。

焕琳是地地道道的读书人，先后于光绪三年（1877）丁丑学使黄卓岁试第四名入学，光绪九年癸未(1883)学使祈世长岁考二等一名补增，光绪十年甲申(1884)学使刘廷梅科考一等第三名补廪，宣统元年(1909)浙江提学使袁嘉谷考选己酉科岁贡士，宣统三年（1911）举义翔镇自治议长。

据家谱记载，焕琳第二个太太生子三，国绪、宗训、承训；女二，长适华洋中学生叶胄，次适横坑优级师范毕业生许超。

纵览《库村包氏宗谱》，详细记录家族中所生女儿所嫁之夫的姓名的，不多。这或许与包家这两位女婿都是彼时“有出息”的人有关。

许超是很有名气的，教书的。听说许超这人脾气很凶的。

我那个时节还小。听我爸平时这么说。我爸如果在的话，他今年都120岁了。

〔注〕许超，字笃仁（1887—1941），泰顺横坑上塘人，著名学者、书法家。1911年毕业于南京优级师范学堂，曾任北京图书馆馆员兼北大助教，后南归，先后任教于泰顺师范讲习所（后改名泰顺瓯南公学、泰顺战时初习中学等，也即今泰顺县第一中学的前身）、温州师范学校等，积极倡导新文化，是泰顺教育界先驱。著有《周易新论》《周南补诂》及《方言释诂》等。

# 包晓阳 口述

包晓阳的父亲在军政大学时期的留影。（包晓阳供图）

## 爷爷从小就立志行医

我叫包晓阳，不清楚自己是包全公的第几代孙。我爷爷和包超庸老师的爸爸是兄弟。

〔注〕包晓阳的伯祖父，即包超庸老师的父亲包际春，早早离家；三叔祖父，即包独荣老师的父亲包锦春，早早过世；四叔祖父包蔚春，也是早早离家，后来去了台湾。只有包晓阳的祖父包融春，一直留在库村。

他应该是在里面的老房子（衣德堂）出生的。那里原来有一榴房子是他的。后来土改的时候分给了他的一个帮他种地、放牛的长工。因为他的成分是地主。

新中国成立前他是中医，他是自己学的，他从小就立志行医。他行医技术很好。那时候他看病，有些人是抬轿子来请的。

后来我爷爷在当地卫生院工作。他擅长治麻疹，当年麻疹流行的时候，他救了很多人。

当年他也记了很多有关医药的笔记，有一年泰顺县卫生局出了一本《泰顺老中医临床经验汇编》，就有收入他的中医治疗经验资料。

那时候我们还有个堂伯父在库村开药铺，新中国成立后公私合营，他也去卫生院工作了。

〔注〕包晓阳所指堂伯父即包长泗，药铺字号“宝龄堂”。包长泗退休后，儿子包文修顶替他的工作。如前包发统的口述所注，包长泗父亲宗训即是当地名医。

我爷爷是85岁的时候过世的，关于他自己的过去，他基本上没有跟我们讲。

〔注〕包晓阳的祖父生于光绪丙午年（1906），1990年过世，享寿85岁。《库村包氏宗谱》记载：公业精岐黄，年七十六退休，曾有赞曰：在朝为良相，在野为良医。

包蔚春的戎装照。（包晓阳供图）

## 都参加党的工作了，怎么后悔？

我爸是在里面老房子出生的，还是在这里老房子出生的，我就不清楚了。

〔注〕“里面老房子”即“衣德堂”，这里老房子即“门口垟”一栋二层三榴房屋，外墙石头所砌，地板为木头。后来拆除，重建为砖混结构房。

这老房子土改的时候也被分了一榴给别人。后来别人不要了，我们从他手上买回来。

那时候我爸已经平反了。

〔注〕包晓阳的父亲包长达为包融春独子，生于1925年，浙江省立温州中学毕业，华东军政大学福建分校结业，任海防前线工作队队员。后从事教育工作，曾当选为泰顺县第一届人民代表大会代表。1958年因右派问题而被错定为坏分子。1979年平反摘帽，并重新安置工作。

我爸新中国成立前在厦门，那时候地下党和他就已经有联系了，所以我小爷爷去台湾的时候，他没有去。

〔注〕包晓阳的四叔祖包蔚春，行名国蔚，生于1913年。福建警官学校毕业。1962年在台湾去世。配福州南门陡陈励群，生子二，女一。

新中国成立前包蔚春携妻去了台湾，子女均在台湾出生。新中国成立后曾有很长时间海峡两岸彼此音信不通，至20世纪80年代后期，家族间才渐渐互通信件。包晓阳的弟弟包晓光收藏着几封相关信件。我们摘录了其中片段，附于文后。

我爸后来就去了部队，做情报工作，他这人很聪明的。

新中国成立后因为他的家庭成分复杂，就从部队转业回泰顺。先是在学校当校长。后来就被打成右派回老家劳动了。

被打成右派，我爸他也没有后悔的，这都是当时的历史。

他平反后，先后去了联云和筱村当老师，但那时候他也年纪大了，没教几年就退休了。他是2003年去世的。

衣德堂前间头的供桌

## 自己这辈就是简简单单的经历

我是 1958 年出生的。我有三个姐姐，一个弟弟，两个妹妹。我们都是在门口垟这老房子里出生。

我妈妈是包垟人，她娘家也是地主成分，所以她也有读书识字的。她和我爸是新中国成立前就结婚，但是她一直在库村，没有随军。

我们小时候都很苦。那时候谁不苦？大家都要种地，养猪。

我初中没读几年就去学做小木了，后来我爷爷退休，我就顶替他进了卫生院，之后又去泰顺卫校进修。所以我是先工作，后进修，1985 年我卫校毕业的时候，都已经 29 岁了。

后来我就一直在南浦溪的卫生院工作，现在我也退休了。

我弟弟是顶替我爸爸当老师，他也教书教了好几年，后来转到行政。

〔注〕包晓阳的弟弟包晓光，生于 1962 年，大专毕业，曾任筱村镇党委委员、纪委书记。包晓阳和包晓光兄弟俩，按库村包氏的辈分，应该是“发”字辈，与包发统同辈。

## 附一：1991 年 8 月　包晓阳四叔祖母的来信（片段）

长达侄：

……

如果你跟我们来台，父母、妻子离散，更不好。不能这样一家团聚，享天伦之乐。我弟跟你四叔来台湾也是突然的事情。因他没有家室连累，随侍卫队在总统府当侍卫，他减轻我生活负担。你四叔就不敢在警界工作，在家闲着一年多，靠我在香港学绣花童装衣服，买一台裁缝机做童装二件寄委托行卖的钱，拿去买米、油，天天吃豆腐、芥菜，暂住朋友家。以后无法长期靠我维持生活，你四叔去找老长官帮忙，在台中警局任办事员，我就去学中文打字，毕业也进警局，打字员慢慢升雇员。

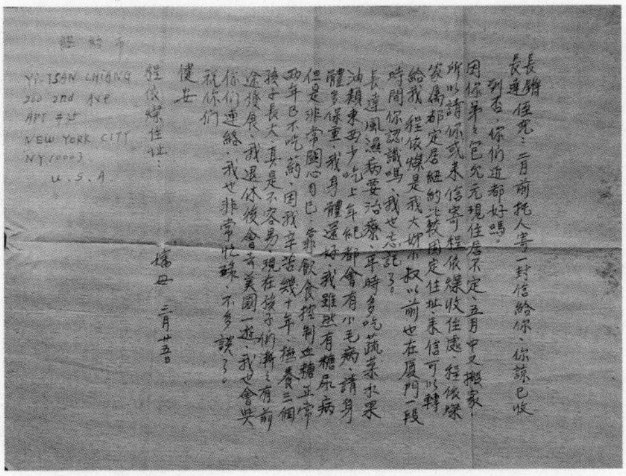

包晓阳叔祖母的来信。（包晓阳供图）

……

也生育女儿、儿子，有孩子负担更重，生活非常困苦，我白天上班，晚上还兼用机打毛衣赚工钱，你四叔帮看孩子。等你四叔突然过世（1962年，包蔚春因车祸去世），好像房梁倒下那么可怕。孩子3岁、5岁、7岁都不懂事，平时长官都知道我们夫妻很吃苦，没有钱，你四叔为人忠厚，长官看我可怜就发起募捐，市长送墓地，同时，老百姓捐的钱把丧事做完成。以后生活靠我薪水配给米、油、学费等。第二年长官帮忙把我弟弟调过来警局服务，和我一起住，他娶妻生两男一女，弟妇台湾人，非常好，很吃苦。

衣德堂后堂檐柱柱头结构细节

……

因为经济不充足，所以也不能回去看看家人，想把大姐、二弟接来台湾团聚三个月，因为警察人员不能回大陆探亲，可以申请兄妹来台相聚。我弟弟退休，本想回去探亲，以便去看你，现在也不回去了。我为了孩子出国留学，贷款现未还清，以为留学回国服务多赚钱，孩子们在国外风景漂亮，都不想回国。但是在国外没有绿卡，工作难找，工作没有保障，台湾工作有保障。我很后悔把他们送美国念书，就在那里拖时间，靠助教奖学金维持生活。他们都好苦，33岁还未结婚。

……

〔注〕看信件可知彼时包晓阳的四叔祖蔚春和他妻子到了台湾之后，也是为生计奔波劳累，及至蔚春遭遇车祸过世，妻子更是担当起了抚养孩子长大的重责。所幸她的三个孩子虽然经历了各种困难，后来都相继立稳根基，在各自的领域卓有成就。

# 附二：1985 年 10 月　包蔚春的老师林超致函长达、长锵（片段）

长达、长锵：

……

（蔚春）长女允文大学英文系毕业又往美国深造。今年 6 月间嫁给万天龙，天龙也是大学土木系毕业，现在在美国修硕士学位。允文英文程度很高，以前曾在南非工作，现在在此间任教。

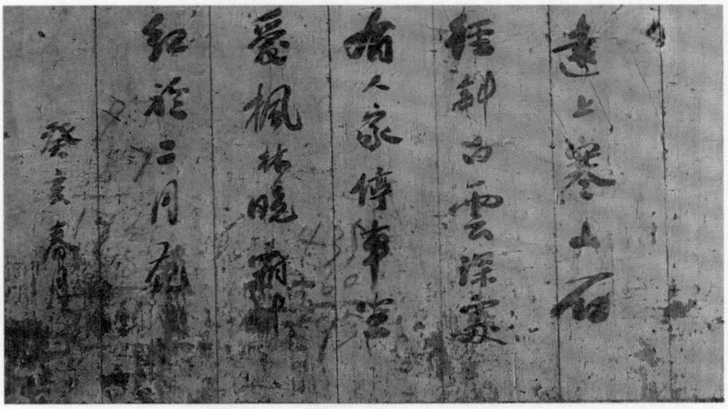

衣德堂前间板壁上有四幅包长沛老师的墨迹

……

长子包允武现在大学攻读电子专业。其次子允元大学毕业，上月赴美国进入麻省理工学院，这个学院是世界有名的大学，出来的科学家很多，这个孩子必能为包家争光的，不仅我们高兴，也是漈头全村的光荣。

……

送子弟往美国读书是很花钱的，像麻省理工学院第一学期就要美金 1 万元，其后便可以半工半读，包太太准备 4 万美金（1 美金合人民币两元八角）给他两个赴美国读书之用。她那个长子明年也准备赴美国了，我想我们泰顺县没有哪一家可以负担得起。

〔注 1〕林超即林源崇，泰顺包垟乡林岙村人，曾先后在浙江警官学校、福州市警察局任职，后调保密局工作。1949 年 5 月，林超去了台湾，后来在台湾过世。按林岙乡贤简介，因为派系关系，林超在台湾未被起用，生活艰难。

林超在信中提及自己对长锵（长锵即包超庸老师）的父亲际春很熟悉，彼时他尚未知际春已经于 1951 年去世；信中也提到自己嫁到库村包氏的姑母。林超离开家乡几十载，虽对故乡着字不多，却也可以感觉到他对故乡的眷恋。

林超不仅是蔚春的老师，也是蔚春结婚时的主婚人，他们儿女的名字也都是他取的，与蔚春一家的渊源颇深，又因是同乡人，所以在信件中，他也为蔚春的后人有出息而高兴。

〔注 2〕漈头，库村所在之南浦溪镇的旧称。

# 古民居·故事　澍德堂

# 写在前面

澍德堂位于衣德堂左侧，为二层五榴木结构民居，有完整的围墙、院落及木结构门楼，建于清末，距今已有100多年历史。

澍德堂原先所居之人都是包起洙长子圣霑公的后代，因圣霑公后人包蔚春于新中国成立前去了台湾，土改时政府将属于他的房产分给了一位吴姓人，所以现在澍德堂厅堂左首户主分别为圣霑公次子焕琪公的后人包独荣老师和吴姓人士，厅堂右首则为圣霑公长子焕琳公的后人。

此后因各种原因，包括包独荣老师在内的澍德堂户主相继搬离，后由澍德堂户主陆续租借给库村人包登峰老师，在澍德堂设立“库村书院”。

访谈对象：包独荣、陈宝娟、包淑菲
访谈时间：2022 年 4 月 7 日
访谈地点：罗阳景园小区

包独荣生于1936年，库村人，在澍德堂出生、长大。1956年丽水师范毕业，先后在大安小学、横坑小学、筱村大公宫小学和莒江中学任教。在新山中心校还兼任会计、总务、教导主任等，后在泰顺六中任教导主任直到退休。

包独荣老师的父亲锦春为焕琪公所生第三子，前两篇口述中分别提到的际春（恒德堂口述人包达品的祖父）及融春（衣德堂口述人包晓阳的祖父）即是锦春的大哥和二哥。

陈宝娟，包独荣老师的妻子，生于1941年，桥头溪人，1958年泰顺一中毕业，先后在洪口小学、新山中心校任教，1987 年调到泰顺六中任教直到退休。

包淑菲，包独荣老师的次女，1964 年生，1983 年泰顺一中高中毕业后在筱村中学代课，曾先后在司前粮管所、罗阳粮管所工作，下岗后做过保险营销员，经营过布、鞋类、服装和珠光颜料等。2014 年退休。

包独荣老师退休后，与妻子居住在泰顺罗阳，那天我们去采访时，年已 87 岁高龄的老人虽没有精力说很多话，但在我们与他妻女的聊天中，始终保持着倾听的兴趣，偶尔插一两句话，想必那些话题也挑起了他对过往的回忆。

与我们聊天的包淑菲，那几天恰巧从温州回泰顺探望父亲，她的丈夫也是泰顺人，彼时因我们对“衣德堂”这一堂号名称有疑问，想向包独荣老师请教到底是“衣德堂”还是“医德堂”，由此开始了话题——

# #包独荣口述

**应该是“衣德堂”，“衣食住行”的意思。以前我看到过匾额。“文革”时被糟蹋了。**

〔注〕库村的古民居，如前所述，有好几个带“德”字的堂号，但查《库村包氏宗谱》，惟“食德堂”有记载出处，其余各堂号目前既无匾额实物，也无相关资料可查，问村中老人，却都说以前曾见过匾额，“文革”时候破“四旧”被毁了云云。幸运的是，食德堂的匾额躲过了劫难，如今完好无损挂在厅头。

之所以产生是“衣德堂”还是“医德堂”的疑问，是因为“衣德堂”出过伯侄（焕琳公四子宗训及焕琪公次子融春）皆为当地名医。不过包独荣老师所说“衣食住行”，更有说服力。何况他说自己看到过匾额。

少年包独荣。（包淑菲供图）

| 澍德堂

澍德堂的匾额，我也看到过，挂在前间头板壁上的。

〔注〕“澍德堂”的堂号名称近些年被误传为“树德堂”，经包独荣老师确认，应为“澍德堂”。“澍”与树的繁体字“樹”形近音同，或系因此误传。包独荣老师说，原来前间头还挂有“澍德堂”堂号的老匾，“文革”时拿到了他山后坑的姑妈那里保管。后来时间久了，也就把这事淡忘了。

〔注2〕泰顺传统民居房屋正中处作为公用空间的明间敞厅，俗称“前间”。

衣德堂，我们也叫它上座厝。

〔注〕“上座厝”“下座厝”一般不是特指房屋的名字，是当地村人为了方便表述，按所处方位去称呼某房子。

# 包淑菲口述

我们请老人回忆一下自己的经历，但此时他的精力有点不济，他的女儿包淑菲代为讲述——

## 奶奶变卖家产供爸爸读书

这样的，我爸是2月份生的，我爷爷6月份就走了（指去世了。文中多处出现，同此义，不另标注）。我奶奶一手把他带大。我奶奶一辈子守寡。

我奶奶是包垟林岙人。家境林岙数第二。林秉权也是她家族里的，我爸叫他堂舅舅的。

〔注〕林秉权，1902年生于泰顺包垟乡林岙村，出身大地主家庭，1923年加入中国共产党，

为泰顺籍第一位中共党员。林秉权曾留学苏联，后在二三十年代的“左”倾斗争中遭到迫害，1934年被流放到西伯利亚，从此杳无音信。1989年12月4日，浙江省人民政府追认他为革命烈士。

奶奶是大地主家的小姐，嫁到爷爷家的时候是牛踏步嫁来的，嫁妆很丰厚。

〔注〕昔时富有人家嫁女时，有以小牛做嫁妆的，迎亲队伍中，以牛行于前开路，称为“牛踏步”。

我爷爷去世之后，家里没有劳力，奶奶身体又不好，家境也慢慢变得贫困，只好做一些刺绣拿去卖，后来开始变卖家产供爸爸读书。听说那时候甚至把一个银圆兑换一元人民币。

爸爸是独子，所以名字叫独荣。名字是我的小爷爷起的。爸爸慢慢长大到读书的年龄，小爷爷看他那么聪明伶俐，想带他到厦门去读书，当时小爷爷在厦门就职。

〔注〕包淑菲的祖父辈，先是出生于1903年的伯祖父包际春走出大山，先后考入浙江警官学校和日本明治大学；继而出生于1913年的叔祖父包蔚春（即包淑菲所说的小爷爷）也远离家乡，在杭州读完高中后，考入福建警官学校；之后又有出生于1925年的堂伯父包长达追随前辈的足迹，考入华东军政大学福建分校。他们从学校毕业后，分别在警界和军界就职，此后虽遭际各自不同，却都成了家族中颇具传奇的人物。

不过我爸爸没去。奶奶就爸爸这么一根独苗，舍不得让小爷爷带去，所以就留在身边，跟曾奶奶一起生活。

〔注〕包淑菲口中的曾奶奶，是焕琪公的第二个妻子。焕琪公生于同治三年（1864），原配翁山翁闲公之女（生于1864年），婚后生有一女，但久久未生子，而在这个过程中，眼见自己哥哥的儿子一个接一个出生（1870，1872，1879，1884，1894），焕琪未免心急，后又娶了黄坦坑陆圣飞公之女（生于1882年），终于在1903年有了自己的第一个儿子际春。此后，他的第二个妻子又相继为他生下三个儿子。据说他有了这四个儿子后，心满意足。

焕琪公于1930年去世，彼时他的长孙包超庸老师和另一个孙子包长达都已经出生，想必他是怀着欣慰的心情走的。

陈宝娟的祖父和祖母合影。（包淑菲供图）

又：焕琪公的哥哥焕琳公生于道光庚戌年（1850），先后娶有两个妻子，两个妻子先后生下五个儿子。

那时候虽然生活很苦，但是奶奶坚持让爸爸读书，后来爸爸考上了丽水师范，毕业后就回泰顺工作。他也很孝顺奶奶，尽量离家近，好照顾到奶奶和曾奶奶。

他是1956年从丽水师范毕业的。1958年，曾奶奶就过世了。

听说曾奶奶临终前老是念叨爸爸这个宝贝孙子，硬是要等爸爸，爸爸那时候在筱村大公宫小学任教，得知曾奶奶病重，连夜赶回家。

爸爸回到家，有人喊道：阿娘，阿荣回来了。曾奶奶睁开眼睛看了一眼爸爸，爸爸叫了一声奶奶，曾奶奶就安然地走了。

我奶奶是1964年过世的，听说她以前上山干活，回到家饿了，就用开水冲点剩饭吃，时间久了就得了胃病。

她是在一个夜里去世的。当时我爸妈睡在楼上，白天也没有什么异常，不知道她夜里什么时候走的。

曾奶奶和奶奶都是在澍德堂过世的。

## 澍德堂里的故事

澍德堂最左边的一间是我爷爷的，左边第二间是小爷爷的。那时候曾奶奶住在小爷爷楼梯口那间，跟我爷爷、奶奶一起生活。

〔注1〕包淑菲的奶奶大名林玉纯，小名叫囡倪，因为她是家里最小的。上一篇口述衣德堂的故事中提到的林超，曾在致长达、长锵的信中问道："我有一堂姑母，小名叫'囡倪娘'（倪字，是小孩的意思，音尼，我们家乡读如忍字之音），嫁在包家，不知现在还健在吗？"这位姑母应该就是包淑菲的奶奶。只是林超没想到他的姑母所嫁之人，就是他的学生蔚春的亲哥哥。

〔注2〕林超即林源崇，泰顺包垟乡林岙村人，曾先后在浙江警官学校、福州市警察局任职，后调保密局工作。1949年5月，林超去了台湾，后来在台湾过世。按林岙乡贤简介，因为派系关系，林超在台湾未被起用，生活艰难。

我小爷爷的那部分房产，土改的时候分给吴常知伯伯住了。他没有娶妻，领养了一个男孩叫吴秋生。吴常知伯伯腿脚不方便，拄拐杖，靠自己做裁缝的一手好手艺培养儿子读书。

他还懂点"土医"。农村叫"斑蛇"的，眼睛内长"白点"的，小孩受惊吓和肚子痛等等，都会来请他看。他甚至上门去诊治，有颗医者仁心。

澍德堂后视，房屋设有附属用房及侧门

吴秋生后来去当兵，在部队的时候曾经支援唐山地震的灾后建设，后来又跟部队转移到深圳，建设深圳经济特区，现在定居深圳。

〔注〕包淑菲的叔祖父包蔚春去了台湾后，于 1962 年过世。

澍德堂的另外一半住着一个包长培。包伯伯是很有意思的一个人，他父亲也心地善良。

他那边的屋前有一棵枇杷树，有一次有人在偷枇杷，他父亲没去抓，反倒说："乌乌的，乌乌的（黑黑的意思。那时候天黑了，那个人在树上），慢慢地，慢慢地下来，不要摔了。"他有这么好的修养，后来成为一段佳话。

包长培伯伯的老婆走得早，唯一的一个女儿嫁到文成去了，他生活得很孤独，他养了些鸡鸭鹅，每天上午会把鸭子和鹅赶到前面的溪里，下午它们都会自己回来，从门楼进来就对伯伯点头，伯伯也会对着它们说话。

他一个人吃饭会自言自语，"菜多夹些，莫客气，喝酒，干杯……"等等，有时候我们以为他家来客人了，就过去看看，一看原来是自己一个人在说话。

包独荣一家五口合影。（包淑菲供图）

〔注〕澍德堂厅堂的右首，也是两户人家，除了这位有趣的包长培之外，还有一户是包发聪。包长培和包发聪都是起洙公长子焕琳这脉的后人。

听我爸爸说，他小时候，我们这边的围墙内种了些名贵的花：牡丹、芍药等等，门楼内花坛的地坪都是用大小基本一致的小石头堆砌成各种图案的。

后来到了闹荒年的时候，忍痛把石头挖了一部分，铺上泥土，种了一些蔬菜、水果，有苹果、梨、红心薄皮柚、橘子等等。

石头挖了之后的这些都是我小时候亲眼看见的。另一半房子围墙边也有花，还有棵板栗，后来也改种菜了。

# 陈宝娟口述

采访过程中，包独荣的妻子陈宝娟一直在座，不时插话帮助回忆和确认有关往事——

## 那时候澍德堂做产院了

我嫁到包家的时候是 1959 年。当时我们是在同一个学校当老师，自己认识的，当时外面也有好多人追求我，我选择了包独荣。

我嫁给他，我爸爸没说什么。就说过一句，说他看起来皮肤黄黄的。我爸主要是看人品。

我爸爸是文化人，他当过国民党时期的校长，在包垟。他在包坑小学教书的时候，我也给他教过，他教书很严的，对我很严厉的。

那时候我爸爸是一定要给我读书的。我们六个兄弟姐妹，都读书。

〔注〕陈宝娟的父亲为桥头溪人陈正良。包淑菲在一旁补充，提到她外公 95 岁才去世。“他的孙媳妇都是他看过的，他不仅看人品，还要考察全面，比如上辈人的健康情况。他很讲究的。”包淑菲说。

我们家当年也是地主成分。

我爷爷 8 个兄弟，我爷爷最小。我还有几个叔叔读书成绩都很好，我爷爷都让他们上学。

那时候宗族有坟田的，正好土改的那年轮到我们家种坟田，所以就被评上了地主。那时评地主，每个村几个，有点任务摊派性质的。

〔注〕坟田即祭墓田，古时家族中抽出或购置一定数量的田地，各家每年轮流种植，收成亦归其所有。清明时，家族众人一同祭扫祖坟后即聚餐喝酒，活动安排及费用则由该年坟田轮

植者负责，称作“祭墓酒”。

我嫁过来的时候，没有新房。结婚时是在新山中心校，就是现在的包氏祠堂，也住在学校，放假的时候就去上座厝衣德堂住，那时我婆婆住在包发阶的房子。

因为那时候澍德堂被政府拿来做产院了。我的大女儿就是那里生的。

1960 年 5 月我生我大女儿。后来，等我生我小女儿的时候，我们才搬回澍德堂住。

〔注〕包独荣长女包淑芳，1960 年出生，莒江中学高中毕业后在新山中心校、浦垟小学代课，并在泰顺六中工作过，后分别在岭北乡政府、南院乡政府、包垟乡政府工作，直到退休。小女儿即包淑菲。

澍德堂二楼的檐槛。包淑菲说她们小时候就是在这里写作业，晚上乘凉，听故事。（包淑菲供图）

所以我大女儿和小女儿都在澍德堂出生，只不过大女儿是在澍德堂的产房出生。小女儿是在澍德堂自己家里出生，那时候产房已经搬走了。

我的小女儿是 1964 年出生。

# 包淑菲口述

## 在澍德堂度过快乐的童年

我们几个孩子在澍德堂的童年还是很快乐的，爸爸特别爱干净，看到地上有一根头发丝都要去捡了。他的东西整理得有条不紊，整整齐齐，我们挪动一下他都知道。他喜欢扫地，我们姐弟仨有空也都把整个澍德堂扫得干干净净。

特别是夏天，我们把楼上走廊边的檐槛（方言，类似于现在房间里的飘台）洗得干干净净，那时候没有电视，没有空调，甚至还没有电灯，所以每天晚上都在走廊用两张长凳叠加，另一头架在木梁上铺竹床，有的人躺竹床，有的人就躺在三四十厘米宽的檐槛上乘凉。

我们仰望天空，数星星，看月亮，观天象，我爸爸也会给我们讲讲天文地理，说说四大名著，念念唐诗宋词等等，他讲得有声有色，我们听得津津有味，这是我们小时候最大的乐趣了，这样也就大大地提高了我们学习的兴趣。

爸妈教育子女比较严格，所以我们姐弟从来不打人骂人，只管读书。这都是爸妈教导有方。我们吃东西都把好的留给爸爸，因为爸爸有胃病，而且又是家里的劳力，妈妈总是挑最不好吃的。

那时候我爸妈都在新山中心校教书。

## 20 世纪 80 年代，一家人陆续离开澍德堂

我爸爸对待教育事业兢兢业业，尽职尽责，带病都要坚持上课，后来胃出血做了手术，整个胃割掉了四分之三，还没有痊愈又回岗位去上课，他说教学不能耽误。

爸爸还写一手漂亮的字，毛笔字、钢笔字都不错。那时候公社、学校等有标语什么的，基本都是包长沛老师和爸爸写的。逢年过节或有红白事的时候，本村及周边各村很多人都会请他写对联。

我上课的时候，我爸在上面写，我在下面模仿他写字。

我爸教的那个班，1981 年初二升初三考试，数学那一科获得全县班级第一，同时我弟弟包识途是个人第一。泰一中校长要把我爸调到一中，但是我爸爸没有去。

因为我爸爸如果去了泰一中，家里就缺了劳力。那时候粮食蔬菜都是要自己种的，不种地生活就会更加困难。

到了 1984 年，教育局就把爸爸调到筱村了，好像没问过他就下了调令。他在那里任教导主任，直到退休。1987 年，我妈妈也去了筱村中学教书。

澍德堂我们住的那一榴就空在那里，不过我们暑假寒假的时候都会回去住，过年也会回去。

1994 年的时候，我和老公、儿子一家三口还回到那里度过了两个年头。

1996 年，我父母退休，就住到罗阳去了，因为那时候我弟弟已经在罗阳工作了。

〔注〕包独荣老师夫妇生有两女一男。儿子包识途，生于 1966 年，浙江农大毕业，曾任泰顺县检察院反贪局局长，瑞安市纪委监察室副主任等。

后来我因为工作关系，离开了泰顺，不过每次去南浦溪都要回澍德堂看看，重温一下童年的记忆。

# 古民居・故事　食德堂

# 写在前面

食德堂建于清代,建筑主体为单层七榴,木结构,至今保存完好。建筑的主人为清代人士包涵。

在库村诸多带“德”字的堂号中,“食德堂”是唯一有堂号匾额实物传世,并有堂号由来确切记载的。

据考,包涵在包氏族谱“迭经兵燹,先世图系多舛缺”的情况下,“悉心搜访,正讹订坠,复成完书,因而修葺先茔,增置祠产……”,故族中父老对他相当赞赏,加上他的祖父际堂公“狷介自守,长厚古处有隐君子风”,所以大家商议决定,“颜其堂曰食德,以志不忘”。

包涵善诗文,有诗集《古柏山房吟草》传世。包涵两次娶妻,原配夏氏,继配曾氏。先后共生子六,后裔如今已经繁衍到第八代。

访谈对象：包发育

访谈时间：2021 年 12 月 20 日

访谈地点：南浦溪库村

包发育，生于 1941 年，为包涵公第四代孙。包发育在食德堂出生，长大，至今仍住在食德堂，是留守于库村的少数老人之一。包发育还未出生，父亲就已经过世，4 岁时母亲又去世，包发育在叔叔们的抚养下长大，成年后靠种田、弹棉花为生，一直未婚。

本口述将由居住于食德堂的包涵四世孙包发育讲述自己的人生经历及家族简况。包涵的生平则以“注”及其他方式分散于本文中。

## 父母相继过世，我是叔叔们抚养长大的

我叫包发育，今年81岁了。我是1941年出生的，古历八月二十九。

〔注〕采访包发育老人时为2021年，81虚岁亦按彼年计算。另，文中凡年龄未标明周岁者均为虚岁。

我这一代，我是老二。我妈妈命苦，我妈妈她先是嫁到南浦溪，丈夫死掉。后来改嫁联云的一个人家，她那个丈夫身体不好，去世了。她后来才嫁到这里，生了我，和我的哥哥。我哥哥要在世的话，83岁了。

我的命也苦，我爸爸身体不大好，我出世那年，他就死了。我八月出世，他三月死掉。那时候他四十几岁吧。

〔注〕按《库村包氏宗谱》，包发育的父亲包长线，生于光绪辛丑年（1901）九月二十日，卒年未记入谱中。按包发育老人的叙述，包长线1941年三月去世时应未满40周岁。

食德堂前间头上的官报旧迹

食德堂檐柱结构细节

我爸爸三个兄弟。我爸爸老大，还有老二，老三。我叔叔他们现在都去世了。他们活着的时候，也都住在这个老房子里。那时候都一家的。

我4岁的时候，我妈妈就去世了。我是两个叔叔养大的。我和我哥哥都是两个叔叔养大的。

我父亲原来做裁缝的。就在外面门口垟老街。我爸爸那时在那里做衣服，裁缝店开在那里。二叔种田，三叔也做裁缝，跟我爸爸。

二叔和三叔都没有成家。二叔也没有。三叔也没有。

## 哥哥成家了，但也早早去世

我哥哥是半农半手艺，也做衣服。他是读到小学三年级就没读，学做裁缝了。那时候太困难了。

他1958年成家的，娶了南浦吴山人，后来生了三男两女。我哥哥差不多40来岁去世。

〔注〕我们跟包发育老人确认他哥哥的年纪，他说确定哥哥大2岁，属兔，按时年应该是1939年，而非《库村包氏宗谱》所记为1927年。但哥哥哪年过世，包发育说自己记不得了，只记得哥哥去世时，自己在外面弹棉花，所以没见到哥哥最后一面。此处按宗谱，包发侃于1983年去世。时年应为44岁。

我哥哥过世的时候，他的孩子，大的十几岁了，小的才五六岁。

我嫂子后来就改嫁到温州去了。她现在还在世的。她和我同岁。有时候也还会回来看看的。

## 自己成年后弹棉花为生，一直未婚

我读到初中。是我叔叔让我读的。小学在这里，初中在筱村。读到初中毕业。初中毕业后半工半农。

20岁的时候跟了一个文成的师傅，两人出门弹棉花，做棉被。哪里有活做就去哪里，一路过去。最远走到福建龙岩的江坪那里。

那时候工钱是一天两块钱。一天也就弹一床棉被。一床棉被得两个人弹，一个人是做不了的。一般都是冬天的时候出去，去两三个月，没人请了就回来。夏天没人弹棉被的。

跟着师傅出门，当徒弟的是分不到多少钱的。跟师傅学了两年之后，我就出师了，开始带徒弟。我弹棉被一共做了 20 来年。那时候棉花都是东家自己的，吃的是东家的，住也住东家。我们只收工钱。

不弹棉被的时候，我就种地。那时候都是生产队，集体的。后来分产到户，我也有七分田，以前还种，现在不会种，给人家种了。

我自己就没成家，那时候没有爸爸没有妈妈了，太困难。

我哥哥的孩子，是我帮助抚养长大的。因为我嫂嫂后来改嫁的时候，只带了她最小的儿子去。

食德堂前厅口。前方一墙之隔的房屋为外翰第，系包涵所建

〔注〕因包发育没有结婚成家，所以他哥哥包发侃的二儿子过继到他的名下，作为他的嗣子，这样在家谱上，包发育老人是有后代的。这是注重血脉传承的中国人非常实际和普遍的做法。但也不是所有无后的都能过继同宗或外姓子弟作为嗣子，如包发育的两个叔叔，在家谱上就只写“无后”，兄弟俩死后同穴而葬。

现在我哥哥的孩子们分别在温州和罗阳，他们清明的时候都会回来的，平常也会来看我，我待他们不错的。

## 对祖先及自己家族的了解

我是包涵公的第四代。我叔叔们也有跟我讲祖宗的历史，说包涵的爸爸的老婆死了，又娶了一个。她后来就没有再嫁。她守节。

食德堂侧后门，包发育平时大多从此门出入

〔注〕包涵生于清嘉庆丁丑年（1817），7岁时生母翁氏过世，10岁时父亲文澜公继娶夏氏，不料未满一月，文澜公即去世，此后夏氏在婆婆罗氏的协助下操持家务，罗氏去世之后，夏氏勉力将包涵抚养长大。

在这个过程中，包涵的叔叔包起洙（前三篇口述人的祖先）待包涵亲如己子，给予精神和物质上的鼎力帮助，包涵也不负所望，分别于道光十七年（1837）丁酉学使史评科取第四名入学，二十年（1840）庚子学使季芝昌科考一等第五名补廪，咸丰丁巳年（1857）学使周玉麟科试考允丙辰岁贡十一，之后又于辛酉年（1861）奉宪团练乡勇御贼有功，同治元年（1862）壬戌以调勇御贼有功，邑侯顾详请奖严州寿昌县学训导，同治三年（1864）甲子乡试荐卷。

包涵生了好几个儿子。

〔注〕包涵生六子，长子包载璋生于道光戊戌年（1838），彼时包涵已于前一年"学使史评科取第四名入学"，开始了他的"文士"生涯。此后五子相继出世。

其中长子载璋同治丁卯年"援例入监"，次子载玮同治辛酉年"从父团防有功，给赏六品顶戴"，都先后取得功名。

第三子载珏于同治年间"出远无归"，按包发育老人的说法，是因为做了什么错事，被赶出家门了。包涵长房后裔包其宣则说传言载珏后来在杭州居留。至于有没有繁衍后代，不得而知。

包涵第四子为载瓒。前面这四个儿子均为原配夏氏所生。按《库村包氏宗谱》，夏氏卒于道光庚戌年（1850），而包涵的继配夫人曾氏生于道光戊戌年（1838），所以可以确定包涵是在原配夫人过世之后才继娶曾氏。曾氏生子二，焕球、载功，其中幼子生于同治丙寅年（1866），彼时包涵年已五十，老来得子，想必欣喜得很。

我们是第二房。

〔注1〕包发育的曾祖父载玮是包涵的次子，生于道光丙戌年，生三子，国器、国用、国策。国策即包发育的祖父。

〔注2〕包涵六子中，除了三子"出远无归"，宗谱上没有记载后代情况之外，包涵的四子载瓒（四房）生了三个儿子，幼子过继给包涵幼子载功（六房），结果载瓒自己那一脉传了两代就断支了，之后四房就和六房合为一房。

包涵的后人，走得了的都走了，走不了的就在家里。

〔注〕包涵的后代如今有依然留在库村的，也有迁到外村或外地的。

有一个叫包其富的，他在杭州劳动局。他叫我叔叔，我大他一辈。

〔注〕包其富为包涵长房的后代，生于 1964 年，浙江工学院毕业，现任浙江省应急管理科学研究院副院长。包其富的儿子包祥韬生于 1990 年，留学加拿大，现在加拿大工作。

在一个重视宗族的环境里，凡有出息的子嗣总会被同宗人关注和念叨，似乎他们的荣耀也是自己的荣耀，因为在某种意义上，大家身上都流着同一个祖宗的血。

## 现在食德堂只有自己一个人住着

我祖宗留下了这老房子，家具也是老的，不知道是阿太（即曾祖父）还是爷爷哪代祖宗留下来的。

〔注 1〕包发育的曾祖父生有三个儿子，长子包国策生二子，长子早逝，次子包作忠，生于光绪丁亥年（1887），曾任陆军中士。包作忠生有一子包达穆，但包达穆并未留后。次子包国用无后人。

三子包国策，即包发育的祖父，生于光绪乙亥年（1875），包国策生三子，长线、长绵、长丝，长线即包发育的父亲。长绵和长丝都独身，无后，在长兄长线过世之后，抚养两个侄子长大成人，并勉力支持包发育读书到初中毕业。

〔注 2〕由上可知，包发育老人的曾祖父虽然生了三个儿子，事实上只有包发育的父亲将血脉延续下来。

现在只有我一个人住在这里，别的人都搬出去了。都不喜欢住老房子。我是没办法，新房子没能力盖。

我是低保户，政府有点钱补助的。平时自己买菜做饭。

食德堂厅堂。房屋厅堂当地俗称“前间”

## 【后记】

做这篇口述，是颇有感慨的，所以特意在文末多写几句：

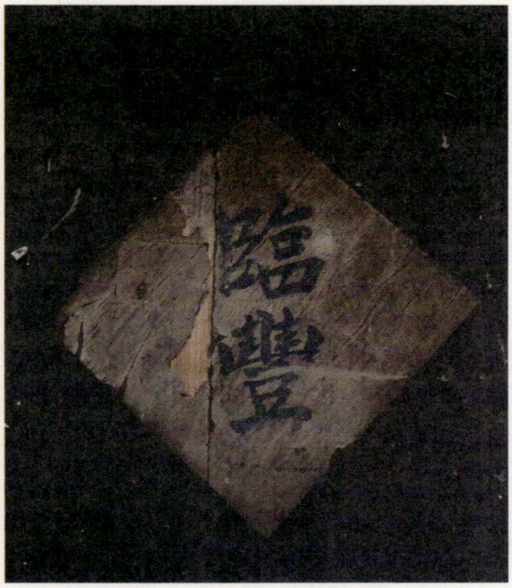


食德堂门上的“临丰”墨迹。应是取“临丰履泰”之义

1. 因工作需要，翻阅《库村包氏宗谱》时，看到好几篇包涵公写的文章，了解到他幼年失怙，所幸家族给予了他强大的支持，没有家族的支持，他不可能有日后的成就。

2. 包涵有所成之后，用自己的方式回馈故里，而这回馈不仅惠及自己的家族，更是扩展到整个库村包氏，包括他勉力倡修大宗祠，倡建小宗祠，以及开设学馆授徒等。《库村吴氏宗谱》收录有吴家子弟吴嗣音，咸丰壬子年学使吴锺骏取入县学第四名。他的老师就是包涵。说明彼时跟从他学习的既有包家子弟，还有吴家子弟。

3. 包涵公的孙辈包国器娶妻横坑杨树森之女，包国器 31 岁即过世，杨氏三十守志，抚养两个儿子长大。纵观包涵之继母夏氏，及前三篇口述中出现的包超庸老师的母亲翁氏，包独荣老师的母亲林氏，以及去了台湾的蔚春的妻子陈氏，这些女性都表现出了传统女性最好的美德：坚韧、坚强、有毅力、有爱心。她们是家族之所以继续的强大力量。

4. 包涵公之后，即是清末民初，社会开始了长达数十年的动荡，在这个过程中，时代对于个人命运的影响，通过查看家谱便一目了然，包涵公的后裔，出现诸多“独身”“无后”的情况，乃至到了包发育的父辈，包发育父亲兄弟三人，只有其中一个有能力结婚生子。包发育自己兄弟二人，也是他的哥哥有结婚生子，自己则独身。

5. 包发育虽一辈子独身，但和他的祖上一样，他也帮助抚养早逝的哥哥留下的后代。家族的凝聚力，在他身上得以很好的延续。或许这与他自己幼年失怙，被叔叔们抚养长大有关。对于他来说，这也是一种回馈。

6. 虽然包发育并未像他的祖先包涵公那样有大出息，但是他依然把自己的日子过得井井有条，路上遇见，总是面露微笑，打招呼问候，是一个温文有礼的村中老者。

# 古民居·故事　外翰第

# 写在前面

坐落在食德堂前的外翰第，围合式院落布局，主屋为二层七榴，右侧横楼五榴，均为木结构，门楼正开。外翰第又称“古柏山房”，外翰第与食德堂的建筑原主人同为清朝人士包涵。

库村人多认为食德堂的建筑年代早于外翰第。食德堂是单层建筑，且大厅的建筑样式为“官厅”，推测是包涵当年接待外界人士的社交场所。因包涵先后娶妻二人，生子六，子又生子，家族兴旺，所以后来在食德堂前方又建了外翰第，以供家人分屋而居。

外翰第与食德堂一样，经历了热闹繁华的年代之后，随着所居人员陆续迁离，逐渐变得冷清，如今外翰第的户主虽然有六户，但真正常居于此的，仅包达运和夏利松夫妇。

访谈对象：夏利松

访谈时间：2022 年 4 月 15 日

访谈地点：南浦溪库村

夏利松，筱村坡头人，19 岁时嫁给包涵第四代孙包达运，婚后一直在外翰第生活，今年 71 岁。

本口述由包达运的妻子夏利松讲述自己一家的生活经历及家族简况。包涵的生平则以“注”及其他方式分散于本文中。

本口述内容用当地方言讲述，文中基本保留了讲述者的方言用词和表述习惯。

## 这两座厝是同一个祖宗盖的

我娘家在坡头，姓夏的，我19岁的时节嫁到这里，就一直住在这个老厝里，我今年71岁了。这座厝总共有6户人。以前老辈都在的时节，外面新房子还没有盖，没有发展到外面去，都是住在这里面的。那时节每户都有五六个人丁的。

现在这座厝就是我一户住在这里，年纪大的都过世了，年轻人都往外面搬了。我家里的（指丈夫，下同）是发字头，名字叫达运，跟上座厝（指食德堂）的发育是同辈分的。这座厝和上座厝是同一个祖宗盖的，盖起来给子孙分的。

我们的阿公（即祖父）我就不了解了。我没见过，听说没兄弟的，名字叫国铨。

〔注〕包国铨，生于光绪乙酉年（1885），为包涵第五子焕球的独子。

焕球生于咸丰己未年（1859），卒于光绪庚子年（1900），光绪六年（1880）庚辰学使张云卿岁试第二名入学。如今外翰第厅堂的门楣上还留有当年官报的残迹。

我们的阿爸（即父亲）有五兄弟，他是当大（即兄长）的。我来的时节知道的就是一个四叔住在这边。其他几个阿叔我也没见过，听说有两个也没有长命。

〔注〕包国铨生子五：长昆、长业、长珍、长律、长泽。包达运的父亲包长昆为其长子。包国铨的次子长业和三子长珍均无后。夏利松所说四叔即长律。

听我爸说，这第五个阿叔16岁的时节，跟随那些土匪去杀牛吃牛肉，后来事情闹起来，因为他比较小，大家都推到他头上去，说是他下手的，就要去抓他。他一害怕就逃走了。

〔注〕夏利松所说五叔即长泽。按《库村包氏宗谱》，长泽生民国丁卯年（1927），生女二。长泽定居于福建建瓯。

外翰第大门围墙内外向均批抹白灰，并有彩绘图案。大门边外墙上今仍有残迹，似为原书之“古柏山房”四字。（本图摄于 2009 年）

## 我就是想他别拆房子

我那个五叔逃走了以后，就一直没音没信，大家都以为他死掉了。分家的时节，我那个四叔说不能两兄弟分，要分成三份，他说不管阿弟人还有没有在，都要分一份给他，但是，字据要做到他（指四叔）的份上去，要让他管。

我爸是比较本分老实的，他是凭良心，他觉得自己那一份拿来就好了。所以后来房产就分成三份，我爸一份，我四叔两份。

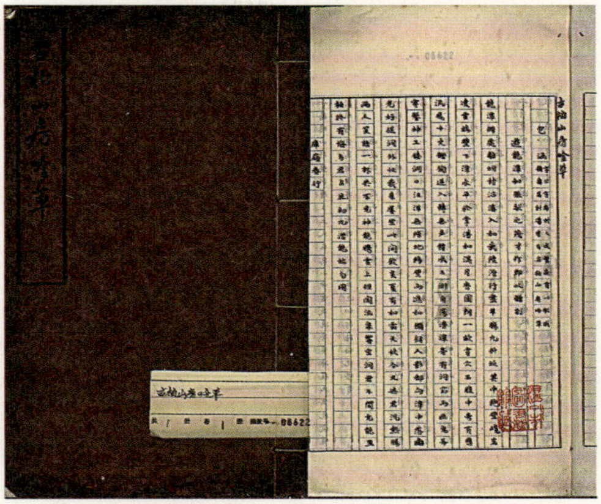

包涵诗集《古柏山房吟草》一卷，温州市图书馆有藏

有一年，我四叔在包垟办眼镜厂亏了，要把后面两斗间拆下来卖掉，那时候瓦片、二十四椽这些木料有人买的。我说四叔，这种大房子不能拆呢，你拆掉会影响到别家的呀！

他说我也是没办法了，我老人家做眼镜亏了。我就问他，你亏了多少钱？他说800。

我说四叔，你儿子又不在家，我先去哪里借800给你，你房子别拆。钱等你以后再还给我。我就是想他别拆房子，这么像样的老厝，后面拆掉一截，是不行的嘛。

他说还钱那是没得还的。要不就房子给你坐（即归你，钱物交换之意），你要不坐，我就叫人上去拆。当时楼梯都拿来了，人也叫来了。

后来我没办法就去找了800块钱给他。那是一九八几年的时候。当时也有写了字据了的。

年冬的时节，四叔儿子出门回来了，四叔也有跟他儿子说了这件事。我就问他儿子，我说这800块钱你要是还给我，我就把房子还给你们，字据撕掉就好了。他说：阿嫂，不要了，我外面反正也盖了房子，里面这两斗间也用不起来。卖给你就好了。

外翰第又名“古柏山房”，名号或出自门前此柏，树龄710年

原来分厝的时节，他们有分了三斗间，以前我爸从四叔手上买过一斗，楼上的。是买来给我做新娘间的。那时房子不够住。

后来政府要求办房产证，我们就办了两本证的。原来自己那榴，和四叔手上买来的三斗间分开办的，多少平方米都有记的，图都有画起来。

后堂板壁上的残留墨迹依稀可辨焕球的鸿号“玉溪”二字。前间头板壁上则仍有他“光绪六年庚辰学使张云卿岁试第二名入学”的官报旧迹

有一年，有个女的找到我们这里，说她是第五个阿叔的女儿。我们才知道五叔一直住在福建。

〔注〕另据村人说，这第五个叔叔，即长泽，也曾经回过库村。按《库村包氏宗谱》，长泽于 1994 年过世，若记载无误，他去世时 67 岁。但后来我们跟夏利松确认时，她坚持说长泽不到 40 岁就过世了，过世前跟家里人提及自己的家乡，彼时他的女儿尚年幼。他过世之后，他的女儿有心，一直记住父亲的遗愿，终于于 20 世纪 90 年代辗转打听，找到了父亲的老家。后来长泽的妻子也曾经来过库村，但长泽自从离开家乡后，再也没有回过家乡。夏利松说关于长泽的相关信息，她是听长泽的女儿说的。待考。

2021 年 12 月初外翰第院中偶遇晾晒豆腐场景，次年 4 月中旬采访夏利松时询问得知，她制作的腐乳已成

古时柴灶均设有“汤罐”，铁铸就，可储水。柴火燃烧时，通过灶内支道利用余热加温，此水常用于洗涤。图中长把竹勺为取水工具。

以前人们在盖房子时，同时会制作置办一些器具，所以前间头的这张老供桌年纪应该与房子相当

他女儿找到这里的时节是37岁。今年69岁了。

〔注〕照夏利松所说推算，长泽女儿找到库村老家的时间约为1990年。

五叔的女儿后来想回老家修房子，我四叔的儿子就跟她说，她的房子现在在阿嫂（指夏利松）那里。后来大家请村里干部调解，把事情讲清楚了。

现在五叔的女儿把老房子里属于她的部分重新装修过了，有时候会回来住。五叔是有两个女儿，回来的那个是大女儿。小女儿我就没见过。

## 我老人家住在这里比较自由

我有一个儿子，还有一个女儿。儿子在这南浦溪镇上，开个面店，房子建在外面，就在那里住了。我的孙子在平阳那边收费站工作的，今天回来，日午要在这里吃饭，我特地买了个猪

外翰第门口的节孝坊（局部）

头来烧。

这个柴火灶是上代留下来的，我们手上就没做了。有时节还是柴灶好用，烧东西更香。

以前农村买东西不方便，很多东西都要自己做，你看现在每年咸菜、菜干都要晒一点，豆腐乳我都每年自己做一点。

我家里的也七十几岁了，这两天出去周山那边做工削篾皮了。也做不动了，年纪大啦。

我们老人家住在这里比较自由，反正还能动动。水电都方便的。就是现在路灯太暗了，寒天时 9 点就关掉了，墨黑，都看不着路。以前的路灯比较高，也亮一些，都能照到房子里面，那就好。

## 关于老房子的一些细节

房子这些门窗的雕花以前都有的，都是这样细细嫩嫩（细致之意）地交起来的。后来没有掉了。那边还有剩一点点。这个牌（指“钦旌节孝”牌匾）是一直挂在门楼上的，我嫁过来之后就是这样的。门楼面另外那个匾（指“外翰第”三字的横匾）以前有的，长久未看见了。不晓得后来有没有厝下底人（指同是外翰第户主的其他人）拿了放起来。怕人来偷。

牌坊未修以前，那个圣旨牌（指节孝坊上的石构件，刻有“圣旨”二字）是在门楼口的。有一次有人问我们多少钱卖掉，大家怕它被偷，就赶紧抬走藏起来了。

〔注〕包涵 7 岁时生母翁氏过世，10 岁时父亲文澜公继娶夏氏，未到一个月，文澜公去世，此后夏氏在婆婆罗氏的协助下操持家务，将包涵抚养长大。节孝坊即是包涵为感激继母夏氏对他的养育之恩，而为之请旌，清朝廷为夏氏所立。包涵曾为此写了一篇《记母夏氏建节孝坊及守志历年事》（全文详见“古村落布局简述”），详细记述了整个事迹。

又：据《库村包氏宗谱》：夏氏生于嘉庆丙寅年（1806）。年二十一守志，四十七岁请旌奉旨建坊，七十八岁时五代同堂，太史蕖田赠以“五叶春晖”。

## 【后记】

库村的老房子，和其他老房子一样，都面临着被居住者“遗弃”和即将被居住者“遗弃”的命运，对于居住者来说，卫生、交通等各方面的条件，老房子的确都有诸多不便，但老房子的存在，自有其不可替代的历史、文化、建筑及审美价值，且具有不可复制的特殊性。

如上一篇口述中的食德堂和本篇的外翰第，以及外翰第门外的节孝牌坊，它们的存在，不仅见证着古人曾经的生活状态及时代变迁，同时也见证着古人所具有的品格与节操，所有这些，因为建筑的存在，而变得真实、生动，一旦它们的实体消失，所有的一切也即将跟随着消失。

在这个意义上，夏利松和她的家人当年花800元买下了即将被拆的老房子的一部分，对于外翰第和外翰第所在的库村古村，都是一件有功德之事。当然，彼时他们所为，只是出于纯朴的动机：“我就是想他别拆房子，这么像样的老厝，后面拆掉一截，是不行的嘛。”

纵观库村古村落，如“恒德堂”的一侧尾榴，就因为彼时住户要在附近新建房子需要木料和瓦片，拆了一榴，破坏了建筑的完整性，至今无法修复。又如山根厝，也是早年其中一户拆了房子中间属于自己的那一榴，最终造成了房子的整体倒塌。而山根厝，据村中老人所言，也有200多年的历史了。

外翰第一角

# 古民居·故事　吴宅下厝

# 写在前面

自唐时吴畦公率家人定居于库村，至今已历 1000 多年，这 1000 多年里，吴氏不断有子弟迁出库村，另寻生息之地，而始终有一支留在库村，延续着吴家的血脉，这一支即吴子益的后代。吴子益为吴畦公第 14 世孙，他和他的两个儿子吴昙、吴驲均为南宋进士。吴昙的三个儿子先后迁往瑞安、文成和泰顺仙居上稔，吴驲的后人则留在库村。吴子益在库村所建的中村书院，吴驲所建的岚璧堂、清音亭在《库村吴氏宗谱》均有明确记载。

库村吴宅现仍保存完整的两座大厝——上厝和下厝，均为二层七榴木结构民居。下厝位于如今库村古戏台附近，与古戏台隔着一条双心路。下厝的建造年份比上厝早，为吴驲第 24 世孙玉星公辈所建。玉星公生三子，即家笔、家族、家审，长子家笔在世时，是在中村书院遗址建古戏台的首事之一。

家笔生四子，惟妙、惟造、惟雨、惟丈。惟雨与惟丈无后。惟妙与惟造的后代，《库村吴氏宗谱》没有记载，不知是迁出库村还是别的原因。

家族生二子，惟宙、惟伶。惟伶后代没有记载；惟宙生子振广，后代没有记载。

所以下厝后来虽为家笔、家族、家审三兄弟所有，现今的户主却均为家审的后人。本篇口述者吴立苏即为家审公次子惟平的曾孙。

访谈对象：吴立苏

访谈时间：2022 年 4 月 13 日、4 月 14 日

访谈地点：南浦溪库村吴宅

吴立苏，生于 1965 年，原姓龚，为库村吴宅吴时雅的外甥。因吴时雅无后，吴立苏于 4 岁时离开生育他的父母，从坡头后到了库村，成为吴时雅的嗣子。

吴立苏在吴宅下厝长大，高中未毕业便因父亲健康原因走上社会，学做小木，离乡多年，后回库村种田，种香菇，并参与村里事务，曾任职村书记。

同时，虽是嗣子，但从内心认同自己为吴氏后裔，成年后渐渐对吴氏宗谱及吴氏祖先的事迹感兴趣，为吴氏宗祠重建首事之一。

## 4 岁的时候，坐在箩筐里来到吴宅

我姓吴，是吴畦公的第 39 世孙。现在吴畦公在库村的血脉已经传到了第 44 代。村民中在世的，最长辈的吴姓跟最年轻的吴姓差了 11 代。这不奇怪，以前人生很多孩子，老大跟尾巴的就差很多岁。

我是 1965 年出生，我是来给我外公当孙子的。我自己那边家族也很旺的，我原来姓龚，家里有三兄弟，还有三个姐妹。我是老二。

过继的事当时我那边的爷爷讲是真的没办法，因为是给舅舅，给别人家绝对不肯的。

一般把家里孩子给人家，都是比较小的那个。老大肯定是不给的，这是有规矩的。

那时候我 4 岁，是坐在箩筐里面挑过来的。是我堂叔吴时通和我大舅舅两个挑，那时候自己好像就有点知道，有一点模糊的印象。

〔注〕吴立苏的爷爷两兄弟，吴时通是大爷爷的长子。吴立苏的大舅舅，后来就成了他父亲。

隔扇的槅心上雕饰风格多样，有寿字纹、万字纹、花、蝶、祥云以及冰裂纹等

吴宅下厝围墙外的双心路。柏树下的建筑即是原中村书院，后改建为戏台

当时我肯定哭的，但是那么小，有什么办法？那时候这边有我的外公、外婆，还有一个姨妈。我的大舅妈和我大舅离婚了，因为我大舅的成分是富农，成分太高了，她就走了。

后来外公外婆还有姨妈就变成我的爷爷奶奶和姑妈了。

我在包氏祠堂那里上学，上到初二，初三就去筱村读了。高中没读。当时我舅舅眼睛白内障，做手术，没钱读了，就叫我种田。结果我就去打工了，去学做家具。

我们读书的，都还没毕业，就叫我们去种田，哪里受得了？学门手艺那时候也可以混口饭吃了，老婆也好娶一点。

我的师傅是包长族，我们上辈是亲戚，我跟他学了一年多，第三年我就和他弟弟两个带徒弟帮他。我在福建三明那边做了 10 年，都是正月过去，十二月回来。

后来因为成家了，有了老婆孩子，就回来了。种点香菇种点田。也开始当村里面的会计。也当干部，当到现在了。

## 爷爷讲房子和祖宗的故事

我爷爷爱讲故事，我爱打听，我比较喜欢听人讲古，所以听了很多祖辈的故事。

他讲他的曾祖父辈是三个兄弟，老大是做阴阳的，搞迷信看风水这一块的，老二是做木匠的，我们老三是老实的种田的。

他们三兄弟一起盖了下厝。差不多170到180年前盖的吧。到底多少年我们也没得考证了。

后来老大老二都没落了，没人了，整个房子又给我祖宗买过来。

〔注〕吴立苏所说他爷爷的曾祖父即玉星公。玉星公生三个儿子，家笔、家族、家审。老大家笔，即当年在中村书院的遗址倡建古戏台的首事之一。

我的祖宗就是老三家审，后来他又生了三个儿子。大房是做生意的，二房是种田的，三房是国民党时期的警察局局长。他在杭州当官。是中央警校毕业的。我们是二房的后代。

〔注〕家审生三子，惟钞、惟平、惟直。

大房生了7个儿子，他就想再盖房子。听我爷爷说，大房要盖房子，他的两个兄弟提出来也要盖，就又三兄弟合起来盖。盖完了又三兄弟分。那就是上厝。

上厝离现在有100多年了。听说大房的儿媳妇，就是吴立华的奶奶，她17岁嫁过来的时候，还给工匠们烧过饭。——那时候盖房，各家轮流烧饭。她现在还在的话将近130岁了，130减掉17，房子大概就是110多年。

〔注〕吴立华为大房吴惟钞的曾孙，他的奶奶即惟钞公儿媳妇。因吴立华的爷爷、父亲分别为惟钞公长子、长孙，吴立华又是长曾孙，吴立华出生那年，他的曾祖父惟钞公还在世。吴立华出生不久，惟钞公过世。

吴宅下厝的石砌围墙

上厝和下厝，是这么分的：下厝的大厅两侧都是我们二房的。上厝大厅的两侧，都是大房的。下厝是老房子嘛，上厝是新房子。然后下厝的大首（即左首）两榴是三房的。上厝的大首也是我们二房的。上厝的小首（即右首）则是大房和三房分别各一榴。下厝的小首也是大房和三房各一榴。

以前分房是有规矩的。如果是三兄弟分一座房子，老大就是大厅两侧的两榴，然后老二在大厅的左首，老三在大厅的右首。左首为大嘛。如果是两兄弟分，那就是老大在大厅的左首，老二在大厅的右首。

我说的左右首，指的是大厅的坐向。比如我站在大厅前面，左首指的是我背向大厅的左首，而不是面对大厅的左首。

大厅是公用的。

我们住在下厝。我们在一个大房子生活，都是自己过自己的。小孩子玩是一起玩的，又比邻居亲一点。

## 大房的故事

大太公（即吴立苏曾祖父的哥哥）当年有钱，他是会做生意的。人很精明很能干，当时我们吴宅就我这大太公爷说了算。那时包宅有一个包琬如，包家他说了算。吴宅就我大太爷讲得上话。

〔注1〕吴立苏曾祖父的哥哥，即他所说的大太公惟钞，生光绪壬午年（1882），卒1954年。

〔注2〕吴立苏所说包琬如，为包氏圣宙公之次子，名包容，字琬如，行名立瑞，师范毕业，生光绪丁酉年（1897），《库村包氏宗谱》记载：公自毕业于师范，俱在教育界事业，桃李百顷，得以泰顺教育局赠额曰：树人有道。

大太公不是上厝、下厝都有房子吗？但是他先后生了7个儿子，所以还是不够住，后来又在外面大坪那里盖了一栋房子，也是7榴的。那个房子就是他自己一个人盖的，盖了给自己的儿子们住。

那座房子也是很有型的，是骑马楼，四周都是可以通，有走廊的，但是后来烧掉了。以前我们都是用毛竹篾片当灯火，晚上头不小心烧起来了。

从风水上讲，四周通的房子，是藏不住的。后来就又在那里用土墙盖了七榴的房子。现在都拆了。

他7个儿子，前面6个儿子都种地。尾巴那个在农业局工作。

〔注〕按《库村吴氏宗谱》，惟钞公从1905年至1927年相继生了7个儿子，其中最小的儿子名振恒，生于民国十六年（1927），温州师范毕业，1948年参加共产党工作，任县公安局股长、县林业局干部等职。

照惟钞公长曾孙吴立华所说，因为振恒选择了读书，所以库村就没有他的产业，后来他在罗阳买了房子。

另：吴立苏说惟钞公前面6个儿子都种地可能有误，按《库村吴氏宗谱》，惟钞公第五个儿子名振悟，生民国八年（1919），新中国成立前任小学老师多年。

吴宅下厝一角

大房的第三个儿子和第四个儿子是双胞胎，第四个儿子娶的就是本村包长沛老师的姐姐。他们两兄弟很像，别人是分不出来的，只有我们熟悉的人才分得出来。

〔注〕按《库村吴氏宗谱》，惟钞公四子名振恰，生民国四年（1915），配本里包长沛胞姐。

包吴两家联姻，从北宋年间就开始了，纵观包吴两家宗谱，近千年间不时有包家女子嫁入吴家，或吴家女子嫁入包家的记录。饶是明朝期间包吴两族因为广度寺一事而关系紧张，也没有妨碍两家彼此往来与联姻。

现在在库村做酒糊的立民是我大太公第二个儿子的孙子。

〔注〕惟钞公二子名振阳，生子二，时珍、时孔。在库村做酒糊的吴立民是时孔的儿子。他以及酒糊的故事，将在后续口述中讲述。

## 三房的故事

我三太公会读书，家里就让他去读书了。他中央警官学校毕业，一开始是在丽水。听说那时候我们村里有乱七八糟的年轻人，很懒，会赌。他讲你这样不行的，就把他带到丽水去当兵。但是赌的人是改不了的，他还是去赌，后来就把他送回来了。我三太公还叮嘱他拿当兵的银圆回去娶老婆。

〔注〕吴立苏所说三太公，即惟直公。惟直，学名横清，民国年间毕业于中央警官学校，曾任杭州市警察局局长等职，生于光绪年间，《库村吴氏宗谱》未记录他的具体生年，也未记录他的卒年，此处暂以吴立苏的口述为准。

吴宅下厝。房屋梁柱等处虽无繁复雕花，但是不乏恰到好处的细致纹饰，古朴大气

他这人是很有义气的。

他先后娶了两个老婆。大老婆生了四个儿子，老大跟老四分在上厝，老二跟老三分到下厝。

〔注〕惟直公的生年不详，但他的儿子们生年，宗谱均有记录。长子振业，生民国八年（1919），之后，1921 年次子振鹏出生，从他儿子的出生年份推测，惟直公和他的同村人包际春（生于1903 年）年纪相差不大。和包际春一样，两位年轻有为的库村人在外任职当官，妻子与后代则留在老家。

三太公在杭州当官的时候，又娶了一个老婆。那是资本家的女儿，有才的。她生了一个儿子。

1946 年，日本投降之后，我三太公就回库村了。回来后，他和他的小老婆住在下厝。他的大老婆住在上厝。听我爷爷说，他和他的小老婆住的是下厝的杂房，编草鞋卖。

当时国民党经常有人来抽壮丁。那时候我们这里叫漈头，他们就说你去漈头要小心，那里住着一个当官的。

后来解放的时候，他没有被清算。因为他手上没有沾血，没有欠下血债。

新中国成立后土改，大房和我们二房都被定为富农，我三太公被定为小地主。成分一般是地主、小土地，然后才是富农、中农这样分的。小土地的成分比富农的还要高一点的。因为他毕竟当过国民党的官嘛。

他是 1964 年死的。我只是听我爷爷说他的故事，我是没见过他。我 1965 年出生的，4 岁才来库村。

我三太公死了以后，他的小老婆很苦，没有办法生活，改嫁到罗阳那边去了，把她的儿子也带到那边去。我这个五爷爷啊，有吃的，就拼命吃，没吃的喝一点水就算了，是那种人。他就没有后代。

〔注〕吴立苏口中所说“五爷爷”，即惟直公的第二个妻子所生儿子。据吴立华说，这个孩子非常聪明，但天性敏感，后来健康就出了点问题。

三太公的第一个儿子后来去了福建政和，老二是教书的，国民党的时候就教书了。

〔注〕按《库村吴氏宗谱》，惟直公的第二个儿子，名振鹏，生民国十年（1921），温州师范毕业，新中国成立前后任小学教师 30 余年，于 1957 年错划为右派，归农，于 1979 年恢复公职，1983 年退休。《库村吴氏宗谱》最后写道：退休后参加县地名办帮助编写地名志，足见其以有生之年立志为人民工作的精神可贵矣。

## 二房的故事比较简单

我们二房的祖宗就是种田的。

山田据说是三兄弟平分的。但是大房生了七个儿子，分下去就没那么多了。没我二房多，因为我们二房是两个儿子。我听我爷爷说他那一辈有十几亩水田。山地不算的。十几亩水田，都被土改“改”掉了。

〔注〕据吴立苏的堂叔，同为二房后代的吴时通的说法，他们二房，共有 11 亩田。

听我爷爷说，他当时是跟我三太公的，三太公当官了就把他带到温州去读书。我的曾祖父，就是三太公的二哥，他是种田的。他说读什么书，老三你别乱七八糟把我儿子叫去读书，家里田地的活干不了了，后来就把他叫回来。

所以我爷爷也是有点文化的，土改的时候那些土地证都是我爷爷写的。他毛笔字写得很好。那时代的人都是毛笔字写得好。

〔注〕吴立苏的爷爷吴振催，生民国元年（1912），温州十中附小毕业。

我爷爷 80 岁的时候去世，他是长命的。

我爷爷是二房的老二。我堂叔吴时通的爸爸是二房的老大。他们住在上厝。我们住在下厝。

土改的时候我们二房被定为富农，大家的日子就不好过了。我老爸 1933 年出生，娶了老婆，就因为被定为富农，成分太高了，我舅妈就跑掉了。

其实像我爷爷，他们虽然说是富农，也是得吃地瓜丝，加一点米拌一下，不会铺张浪费，大家都是苦的，是后来慢慢积累，不是一代人积累，是两三代人积累起来，才会成为地主。所以地主，讲得不好听点就是买来做的。

## 关于下厝

次日我们约了吴立苏去看下厝。如今除了一个三房后人偶尔从罗阳回来小住几天之外，基本无人居住。吴立苏在这里养了一些鸽子。

这老房子啊，老东西已经都没有了，“破四旧”的时候都搞掉了，我奶奶嫁过来那些雕花刻花的东西全部都搞掉了。

这窗棂，这两榴的细致一点。我听我爷爷讲，这两榴是做阴阳的那个祖先的，我昨天有讲到他，他比较有钱，就搞这雕花的，精致一点。

基本保存完好的隔扇，一百多年了，隔心构件插接处几乎毫无错位变形。此图纹饰暗含“喜”“福”二字

门上这蝴蝶，有一年旅游的人来，给他偷偷撬掉了一个。这个有点抽象的（指门扇上的冰裂纹花格），也有一点不规则，但是有讲究。你讲没规则，其实不是乱来的，乱来做不起来的，不会密的。

有次一个上海教授来，说这种手艺很少见。有斜度的，插脚插到那边去，当时搞起来很密的，这个脚不能露出来。

我觉得他想炫一炫的那种感觉。因为窗棂基本上都是讲规则的嘛。一般没有人这么搞。那么复杂。

那几个简单一点的，做得也是很细致的。

原来厅堂里有一张供桌的，“破四旧”的时候搞掉了。楼上还有神龛。

厅堂的横梁上原来都有挂钩（指古时挂灯笼用的圆环），铜做的。

厅堂板壁上的这个官报，就是我三太公的。

我三太公长得很好的。我一个叔叔，在我们还是小孩的时候，他有拿照片出来给我们看。现在肯定都没有了。当时可能也是画像的。

我们昨天不是讲我三太公做草鞋的吗？他干活吃饭就在主屋的边上这里。

侧面的这边以前是伙房，房子的后面还有一大片，大部分都是杂房。后面还有一个小门，出去就是清阴井那边。

两边檐廊尽头这两扇门开进去，中间有楼梯，这个楼梯就是从这边上去楼上。跟上厝一样的。格局是一样的。

屋顶上的几个悬鱼是后来做的，当时的肯定坏掉了。后面这些补的就比较简单。

这房子听说是金华师傅盖的。盖房子的三个祖宗，老二虽然是做木匠的，但是这么大的房子他还不敢盖，叫金华老师来盖的。

这座房子的总体规格跟上厝是差不多的。但是地理位置这里更好，也更宽敞。

# 古民居·故事 吴宅上厝

# 写在前面

吴宅上厝位于清阴井和清音亭附近，为二层七榴木结构民居，建筑年份距今 120 多年，与吴宅下厝的地理位置为“上”“下”关系。下厝居于上厝前方，也即“下方”，当地人按习俗将它们称为“上厝”“下厝”。

上厝的建筑年份晚于下厝，村人说他们的祖宗三兄弟中的老大惟钞公生了 7 个儿子，下厝不够住，就起心另盖房子，他的弟弟们惟平与惟直听闻，要求同建，三兄弟便一起盖了上厝。

如今上下厝的户主均为惟钞、惟平、惟直的后人。

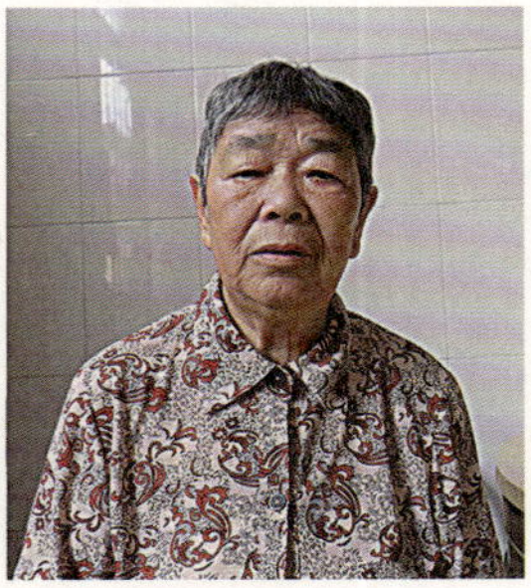

访谈对象：吴时通、林美琴

访谈时间：2021 年 1 月 11 日

访谈地点：南浦溪镇、库村吴宅上厝

吴时通，生于 1937 年。吴时通在上厝出生、长大，曾在吴氏宗祠念书，因家贫一度辍学，在堂叔的支援下读完小学。曾务农，后在筱村配电所工作，退休后回到库村。吴时通退休后热心参与吴氏宗祠（吴畦纪念馆）的重建，义务担任账务管理工作。

林美琴，生于 1944 年，吴时通妻子。筱村林岙人，19 岁时嫁入吴家上厝，所生三个儿子也在上厝长大。

## 爷爷辈是很有钱的，盖了大房子

我名吴时通，“时”是我的行辈，是吴畦公第 38 世孙。

我们这一辈，不知道库村算起来有多少，我自己的堂兄弟，那就很多了。

〔注〕粗粗一算，吴时通的堂兄弟有近 20 人。最大的 1931 年出生，最小的 1969 年出生，兄弟之间年纪相差 38 岁。所以天长日久，同宗之间出现年长的称年幼的为“叔叔”“爷爷”的情况，一点不稀罕。

我们的祖宗是吴畦公，我们是三房。我们库村这里一个五房，一个三房。

〔注〕吴时通所说三房，指的是大缩公。大缩公为吴畦公第 29 世孙，即吴驲公第 15 世孙。五房则为大勇公的后人。

我们比较近的祖宗是守志公，他大概是吴畦公第 24 代孙。不过不绝对。

〔注 1〕吴时通老人很有意思，只要他认为不太确定的，他就会说“不绝对”。按《库村吴氏家谱》，吴守志是大缩公的次子，为吴畦公第 30 世孙。

〔注 2〕村人算自己的辈分，习惯以“第几代”指称，宗谱则会用“第几世”来标注。“代”与“世”有一代之差，比如库村始祖吴畦公，他在宗谱上是“第一世”，他的儿子吴象在宗谱上是“第二世”，但吴象又是吴畦公的“第一代”后人。

吴畦两个儿子。一个吴象，一个吴承，我们是吴象的后代，也是文英的后代。

〔注〕文英为吴畦公第六世孙。吴氏在库村的早期繁衍史，可参见《吴氏迁居库村及繁衍概略》。

也是吴梓的后代，也是吴驲的后代。

〔注〕吴梓与吴驲分别为北宋和南宋进士。所以吴时通老人这一脉的祖宗是相当厉害的。

当年婚房门上具有时代特色的大红贴纸。一般传统的会写“鸾凤和鸣”“举案齐眉”之类的内容

我们这上厝大概是清朝光绪年间盖的，是我的爷爷和他的兄弟们盖的。这么大的房子呢（念ní，当地方言的特有音调。下同）。我的大公是做生意的，我的爷爷专门负责种田，我的三公在杭州做官。

〔注〕“公”是对历代宗族中长者的尊称，如吴畦公、文英公等。上文中的“公”为方言中祖父之意，单指祖父辈。如大公即祖父的长兄，三公即祖父的第三个兄弟，余类此。

大公和三公，我都见过。大公是刚刚土改的时候走的。

〔注1〕上文中“走”在当地方言里指去世之意。下文多处出现，同此义。

〔注2〕按《库村吴氏宗谱》，吴时通的大公，即伯祖父，惟钞公，生光绪壬午年（1882），卒1954年。

我7岁的时候，我爷爷走了。

〔注〕吴时通的祖父惟平公生于光绪乙酉年（1905），卒于民国三十三年（1944）。惟平公为家审公次子。

三公在杭州做官，他的老婆和孩子在这里。他娶了两个老婆，后来他回库村，第二个老婆也带回来了。

〔注〕吴时通所说三公，即惟直公。惟直，学名横清，民国年间毕业于中央警官学校，曾任杭州市警察局长等职，生光绪年间（具体年份宗谱未记），卒年不详。

两个房子他们三兄弟分的。上厝有两榴，下厝也有两榴，分给他们自己的后代住。三个兄弟都同样。

我父亲在上厝。他两兄弟，他是老大。他弟弟就分在下厝。

我父亲出生的时候，大概是清朝最后一个皇帝。他去世的时间是1983年，75岁。

〔注〕吴时通的父亲吴振调，按《库村吴氏宗谱》，生清宣统乙酉年（1885），疑为“己酉”

之误。按吴时通所说他父亲于 1983 年去世（去世时间与宗谱记载相合），时年 75 岁，按浙南农村习惯说虚岁，推测吴振调生于 1909 年，正合清宣统己酉年。

我父亲也种田。妈妈姓夏，是莒江的。

〔注〕按《库村吴氏宗谱》，吴时通父亲振调，配莒江下村夏鸿遇胞妹。宗谱所载娶入的女子，多记为 ×× 公之女，少数记载 ×× 公之妹。×× 公的大名赫然在目，而女性的名字则不详细注明，只简单记为“之女”或“之妹”。

土改的时候，我大公和我们家，都是富农，我三公是地主呢。

田是三兄弟平分的嘛，三公在杭州做官，田都是租出去给别人种，所以性质比较严重。

我的爷爷，十几亩田。我父亲有五亩五，我的叔叔有五亩五。后来就打成（合并的意思）集体了。

吴宅上厝两端尾榴的房间内均设有楼梯通往楼上，楼上则有前廊连通

## 祖上有钱有田，但我 9 岁就辍学放牛了

我是 1937 年出生的，那时候我们差不多年纪的小孩有五六个，大家跑来跑去的。我是家里的老大，下面有一个兄弟，他跟我差 4 岁，我们没有姐妹。

我 7 岁读书，那时候是在我们吴氏宗祠读书，不用钱。我们宗祠有田，那些田的收入可以付先生工资的。先生不绝对是本地的，也有包垟来的。我们学语文、算术，语文是白话文，统统写毛笔字。我们也练打算盘。

我读了一年级，二年级，到了 9 岁就不读了。

为什么？我家老爸他体格不好。五亩五的田他一个人种不过来，就雇了一个人帮忙种田。

那时我家有一头牛。我 9 岁就去放牛了。

新中国成立以后，大概我 13 岁，我第三个爷爷的第二个孩子回来，他同我的爸爸是堂兄弟嘛。他说，你不给你的儿子读书，太没有道理。你一定要给他读。

后来就变成我弟弟去放牛，我去读书了。我插到四年级，三年级没读。去包氏宗祠读书，那时候解放了嘛，学校是政府办的，放在包氏宗祠。我们自己的宗祠就没有办。

我读到小学毕业，就没再读了。我弟弟继续读书。他读到中学毕业。

我小学毕业的时候，正好文泰公路在建，我就去公路做事。后来在大队当会计，记工分，打算盘。

那时候区农技站有一个温州农校毕业的，说，小吴啊，你的水平是农校毕业的。他这么评价我打算盘的技术。那时一般人不会打的。

## 在上厝成家，三个儿子也在上厝出生

我是 26 岁成家的。大概是 1962 年。新房就在上厝老房子，结婚的时候那里住着 30 多人，我大公的下一辈，三公的下一辈，都在。

这么多人一起住，不过都是一家管一家。

上厝的第一榴是我的，第二榴是我弟弟的。我们两隔壁。

后来我三个儿子出生了，三个小孩子挤在一个房间睡觉。

几个孩子都在这里念小学，中学在莒江和筱村。他们都不怎么想读书。我想读书，但是我父亲不给我读。我一心想培养儿子，可是他们不读。

吴宅上厝侧面蛮石砌成的外墙

## 为了生计，46 岁时离家去筱村工作

1982 年，我们家富农的帽子摘掉了，我就出去。去筱村乡那边。那里有五个村，我就去那边一个电厂，去收电费。

那时候我大概 46 岁。

后来，五十几个职工选举，我就选上了副经理，就不收电费了。我在那边工作二十几年，周末不回家，过年回家，平时如果有事，就回来三天两天的。

工资很少，四十几块钱。自己拿一半，给家里一半。

后来大儿子也去了筱村供电所工作。

## 退休后回到库村，参与宗祠重建工作

我退休了就回来，种地。那时候一个人两分地，孙子、媳妇都有，总共两三亩田，都自己种。

我们吴氏宗祠，就是我小时候读书的地方，新中国成立后被乡政府拿去办公了，后来归还给吴氏，但是已经很破烂了。我退休回来后，吴氏宗亲说一定要重新盖起来。我就参加了。

我是主事之一。我们一共六七个人。兆辉、时开、我…… 筱村那边还有。

那时候我们有办公室，为什么要成立办公室呢？因为山东、甘肃、江苏、江西、浙江、福建、广东、台湾和越南，都有吴畦公的后裔，必须设一个办公室。人选就选我了。

那我就每天都过去。连续去了四年。看资料、收钱、做账。整整四年。

宗祠上梁那天，来了很多人，我一个人经手收了 50 多万块钱。他也来你也来，我一个人收钱。钱真的假的要辨，发票要给他。

他们说要给我算工资，我说不要。不来就不来，来就要奉献。我自己后来还捐了 5000 块钱。

公家的钱我一分也不要。我已经退休了，还有退休工资。

宗祠建起来后，我就没再去了。老了。

## 现住在镇上儿子家，但想念老房子

我们搬到这里（指小儿子家，位于南浦溪镇上）十年了，我小的儿子结婚，他一定要我们两个住到这里来。

但是他一去南京，我们又去住老房子。为什么呢？太阳一出来，我的老房子就可以晒到。这里晒不到太阳。后来脚不好，不太方便，就没回去住。

我想回去住。老人就喜欢太阳。

一些老家具还都在老房子里。

## 经常会回来走走，看看的

因为吴时通老人腿脚不方便，我们约了吴时通的妻子林美琴去库村吴宅上厝看看。林美琴虽然父母早逝，但受过教育，会说普通话。

我是1962年嫁过来的，那时候我19岁。我爸我妈早就去世了，我是跟着奶奶和叔叔长大的。

我和他（指吴时通，下同）是媒人做媒的，以前不认识。

我结婚那天，他们家来了表妹接亲，我自己有几个朋友相送，我们就从我娘家筱村一路走到这里，到的时候已经是中午了。

我没有带嫁妆。那时候困难，连饭都没有吃。那天这里办了二十几桌酒席，摆在大厅和天井。

那时候我公公婆婆都在，我公公54岁，我婆婆50岁。

我嫁过来的时候就住隔壁那个房间，那时候他弟弟去福建打工，两兄弟还没分家。后来弟媳妇嫁过来了，我们就搬到这边住。我25岁时，兄弟就分家自己过了。

〔注〕如上文所说，吴时通的父亲在上厝拥有两榴，两榴后来分别为吴时通和其弟弟所有。

我大儿子1965年出生，第二个1969年出生，第三个1976年出生。他们都在这边出生，小时候住在楼上前间，两个床，这边一张，那边一张。

这些家具是结婚的时候置办的。

吴时通和林美琴结婚时置办的家具。如今都还留在上厝老屋

那时候我们这老房子里有30多人。那时大家都很穷。每家都有养几头猪，房子边上的那些就是养猪的地方。猪要养六七个月，然后杀掉卖。

我们还养些兔子，鸡。鸡有养十几只，白天放出来，夜里关在地板下面的窝里。猪卖。鸡自己吃。养了三十几年，我五十几岁了，后来就不养了。

〔注〕以前农村家家都要养些鸡、鸭、猪、兔子等禽畜，相关工作就由家庭主妇负责，家庭主妇们除了负责一家老小的饮食起居，还要照料家禽牲畜们，拔草，煮猪食，喂猪……相当忙碌。

猪圈一般设在房子附近，以今人的嗅觉，可能会很不习惯，但对彼时的农村人来说，伺候好一头猪，意味着有一笔重要的经济收入，年关将近，一头几百斤重的猪卖掉，可以为家中老少增添新衣，新家具，补贴家用……所以没有人会觉得猪圈的味道重，而农村的孩子们也会帮忙拔猪草，给大人打下手，天长日久，也习惯了与家禽们的相处。

和很多古民居一样，上厝每家的鸡舍大多设在底楼的木地板和地面之间的空隙处，房间板壁外的地栿下面有个出入口，鸡们一早从这里放出，在院子里和房屋周边四处活动，黄昏时分就回到鸡舍过夜。

保存完好的老式柴火灶，红砖砌成的烟囱直通屋顶。后方是存放柴薪的柴仓，粗宽的栏框可兼具添柴烧火时的坐凳

现在上厝老房子的楼上都没住人了。楼下就只有大公的曾孙和他的老婆一家还住着。

我是经常回来走走，看看的。

## 【后记】

与吴时通老人交谈是上年冬天，彼时他思路清晰，人也健朗。数天之后，却因肺气肿进了医院，不久即过世。时年85岁。

再次见到吴时通的妻子，已是来年春天，她特意拿出吴时通老人的照片，想必是上次交谈时，我们曾问起有没有吴时通老人的老照片，她一直放在心上。

愿吴时通老人安息。也愿他留下的关于房子与家族的记忆，通过这种方式得以保存。

# 古民居 · 故事　五榴厝

# 写在前面

库村吴宅古戏台侧后方，巷道左边尽头一座门扉紧闭的门楼，条石框架，几无装饰，墙面批灰，墙头覆瓦，便是库村人口称的“五榴厝”。

库村古村落中数十座古民居都是泰顺传统民居建筑风格，唯有这五榴厝，有自己独特的样式。村人有称为“徽派”，有称为“绍兴派”。

五榴厝是民国时期曾经在浙江陆军测量局任职的库村人吴植赓所建。村人相传，该厝的建筑图纸是吴植赓亲自设计，但是在建造过程中，被主持建造的师傅修改过，便成了如今的模样。

吴植赓生于光绪己丑年（1889），具体什么时间回到故里库村，无法详考，据吴植赓的外孙吴常建推测，约在1945年抗战胜利之后至1949年间。

此后，吴植赓和他娶于本县下洪的毛氏在五榴厝生活及终老。他们相继去世之后，他们的独子吴立迴在此生活并过世。吴立迴毕业于上海交通大学，曾长时间在泰顺一中任教，是一位受人尊敬的老师，退休后一度在新浦中学担任英语老师。

五榴厝建成初期，曾有过相当清宁的时光。新中国成立后土改期间，为“配合”相关政策，吴植赓保留了厅堂左首部分房产作为自己和家人居家之用，厅堂右首的部分房产送给了自己兄长的三子立言，彼时立言已是三个儿子的父亲，住在库村吴宅上厝后面的一座老房子，他和儿子们迁入五榴厝之后，五榴厝开始了杂居时代：除了吴植赓一家和吴立言一家，五榴厝厅堂两侧的房间被政府征用，一度作为医院、新山乡政府办公等用途。另外，公社时期的社办红粬厂聘请了一位筱村来的制粬师傅，也被安排入住五榴厝。

后来，吴立迴按照政策从公社手中收回厅堂两侧的房间，做酒粬的师傅也因为年老回到筱村，五榴厝渐渐恢复了昔日的宁静。

吴立迴终身未娶。如今，随着所居人过世的过世，迁出的迁出，五榴厝基本成了一座空屋。

访谈对象：毛碎绿、包国兴

访谈时间：2022 年 4 月 15 日、6 月 5 日

访谈地点：南浦溪库村

毛碎绿，联云桥头人，生于民国二十六年（1937），所嫁为吴立言长子吴常宣。婚后所居便是五榴厝。毛碎绿的丈夫吴常宣已于 26 年前过世，毛碎绿如今住在库村古村落外桥头附近小儿子家中，年已八十六，身体依然健朗，不时回库村古村落中走动。

本口述内容用当地方言讲述，文中基本保留了讲述者毛碎绿的方言用词和表述习惯。

包国兴，生于 1946 年，南浦溪人，高中就读于泰顺一中，1979 年在泰一中任教，此后调到温州五中，任温州五中校长。

口述人毛碎绿曾经提及操持吴立迥老师丧事的包国兴老师，退休后长居温州，五一期间，包国兴来库村游玩，在库村副书记包国岳的介绍下，我们见了面，他回忆了与吴立迥老师的交往片段。

# 毛碎绿口述

## 房子的设计图，被师傅盖错了

我今年 86 岁了（文中言及年龄时均为虚岁），老了。我最大的儿子今年也 62 岁了。我 23 岁的时节就到这里，我是联云那边人，我姓毛，叫毛碎绿。

这座厝（即房屋）是吴立迥老师的阿爸盖的，盖厝那时节他没有在家的，他在测量局，就是把图纸寄过来，他老婆在家里负责盖。听讲房子被盖错了，本来团圈都走得过山的，有廊的。

〔注〕吴立迥的父亲名植赓，据《库村吴氏宗谱》载，植赓，字夙庸，一名英，清宣统元年由浙江省温州市中学堂申送考入浙江陆军测绘学校，民国元年一月奉浙江汤都督考列优等毕业，二月奉蒋都督委派浙江陆军测量委员，二年七月奉参谋部黎总长任浙江陆军测量局三角课班员，四年八月升补原局三角课审查委员，十月奉陆军测量士实官，六年三月奉参谋部呈请黎元洪大总统升补陆

五榴厝门楼内侧

军二等测量长实官。

后来他回来就住在这里了，都没有出去过。土改的时节，他就知道这个厝会被土改掉，就把这边的房子给我这边了。因为都是兄弟的关系，分给外人不如给自己人。

〔注〕毛碎绿所说“房子给我这边了”是指吴植赓将部分房产赠予侄子，即她所嫁丈夫吴常宣的父亲吴立言。吴立言的父亲名吴时颂，字树熏，生于同治癸酉年（1873）。吴时颂与吴立迥的父亲吴植赓是亲兄弟，兄弟俩年纪相差16岁。哥哥吴时颂在库村务农，弟弟吴植赓则年少离家去温州读书。

吴立言为吴时颂三子，生于民国六年（1917），在库村务农。

五榴厝背部后视

我们这边这代人是三个兄弟，我家里的最大，走掉了（方言，去世了之意）。第二个去当兵，在新疆，也走了。最小的那个也走了。

〔注〕毛碎绿所说“我家里的”，即其丈夫吴常宣。吴常宣为吴立言长子，生民国二十四年（1935）。

五榴厝水井，仅作洗涤用，饮用的水需要去附近的清阴井挑担

## 在自己的房子里终老

吴立迥老师的阿爸是在这房子里过世的。他死的时节可能有七八十岁的，具体我也记不得了。就是吃杨梅的那个时节，他抱着我的小孩去嬉，回来后就去菜园剥苦马（音，蔬菜名），就这样翻倒了，栽在那里就死了。坟是先前做好的，也很随俗，也就是水泥做起来，上面几块石头这样，很简单的。

〔注 1〕吴立迥老师的父亲吴植赓的卒年，宗谱未记载。库村人吴立苏说自己记得很清楚，吴植赓于 1972 年去世，彼时他已年过八十，高寿了。

〔注 2〕按库村人吴立华所说，吴立迥老师的父亲吴植赓是一个很和气的老人，穿着朴素，留着胡子。吴植赓新中国成立前即回到库村，按他生于 1889 年，彼时他五十几岁，已过了知天命之年，或许他和与他差不多同时期回到库村编草鞋的吴宅下厝邻居吴惟直一样，早早预知了时代的变化而全身而退，回到生养自己的故里安度晚年。

他们的选择，令人想起率家人远赴泰顺深山，隐居库村的先祖吴畦。令人欣慰的是，这两位壮年时代曾大有作为的库村人，在他们生命的后期，虽然日子清贫，也多少受到时代的冲击，身心却都没有遭受很大伤害，算是比较平顺地告别人世。

吴立迥老师的阿爸走了以后，我小婆一个人，人老了，水什么的，我们要帮她挑点，有些时候吃的东西照顾一下。后来吴立迥老师就回来了，他照顾她。他们生活也很简单的。

〔注〕“我小婆”，即吴立迥老师的母亲，下洪人，生于 1890 年，按库村人吴立华所说，这位老人家平常几乎不出门，也不太跟人来往。吴立迥老师在泰顺一中当老师的时候，有空回家，就会挑七担水，把家里一个石头大水缸装满，让老人用。水缸里的水用完了，同厝居住的毛碎绿一家也会帮忙挑水。毛氏于 20 世纪 80 年代末过世，如果宗谱所记载她的生年正确，她去世时年过九十。

五榴厝正屋及前院

吴立迥老师也是三兄弟。有一个八九岁的时候死掉了，有一个在大学读书的时候死掉了。他最小。他是上海交通大学毕业的，后来在泰一中教书。

〔注〕按《库村吴氏宗谱》，吴植赓生三子，立达、迈、立迥。“迈”与“立迥”只简单记了名字。“立达”也仅寥寥数字：子立达，生民国五年丙辰三月初四酉时。

他有一个姐妹，去杭州就没有回来了。老头老娘（方言，父亲母亲之意）就是粮票、生活费寄点给她。后来她也生了三个男的，三个女的。

〔注〕这个去了杭州的女子，是吴植赓的长女，生于1912年。她所嫁之人陆文达为吴植赓任测量学院院长时的得意门生，她最年幼的儿子，即吴立迥老师的外甥，后来成为吴立迥老师的嗣子，名吴常建。

吴常建现长居杭州，他回忆自己20世纪80年代应舅舅吴立迥的要求，回泰顺办了公证，在法律上成为吴立迥老师的嗣子，自那以后，他有机会也会回库村看望吴立迥，探亲期间就住在五榴厝楼上。但他的母亲，自从离开库村之后就没有机会回家乡，于20世纪90年代在杭州过世。

## 走的时候，也没有什么吩咐

吴立迥老师退休回来，一个人平常在家里也养点鸡，有一片菜园，种点金瓜青菜这些。他这个人也没什么脾气，单独的，不太跟人来去。也有出去走走，自行车骑骑，没多大事情干。看看书，书是很多的。

他本来身体是非常好的，吃也很能吃。后来不知怎么的，中半边风。

他外甥有接他到杭州上面的一个医院去看，回来后，我叫他到我家来吃饭好了。他说他不来我家吃，他说他要找一个帮他煮饭的人煮起来给他吃。

后来没多久，他就起不来了。

躺在那里也没有多长久就走掉了。躺倒床上的时节是我最小的儿子帮忙照顾。死的时节村里大家都香炮买来，许多人送他出去。后事都是国兴老师帮忙料理的，他人很好。

〔注〕包国兴老师曾是吴立迥老师在泰一中任教时的学生，后来成为同事。包国兴关于吴立迥老师的回忆将在后文中展现。

吴立迥老师死的时节坟也未有做，棺材也没有。死掉以后就是烧灰，那时节已经有得烧灰了。骨灰后来就放在他爸的坟里。

他走掉之后，家里留下来的东西也很少，没什么东西。照相还有在，书什么的当时都烧掉了。那些床都拣出来烧掉。

〔注〕泰顺农村的民间习俗，人死之后，衣物、床等相关物件都会焚化。

五榴厝后部的附属房亦为马头墙，墙体为泥筑

他在世的时节也没听说有什么吩咐，他人单独显单独的。

〔注〕吴立华回忆自己十五六岁的时候，牙疼，吴立迥老师还带着他回家，从一长排的瓶瓶罐罐里拿治牙疼的药给他。吴立华记忆中的吴立迥老师脾气有点古，但人是很好的。家里订的都是英文刊物，可惜如毛碎绿所说，吴立迥老师过世之后，他的书籍等物什也在丧事中被烧掉了。

五榴厝内到处可见的具有时代特征的标语旧迹

他房间的桌上，有一本开本很小的纸簿，不知什么原因竟然一直在那儿，伸手打开，纸张随之腐化。

## 我会经常回来看看

我来这里生了孩子后，就住在这里。后来就一直住在这里（指五榴厝）。这座厝现在也有漏水，瓦都塌掉了，屋顶都透天光。现在里面是没有住人了。我从五榴厝搬出来住大概也有六七年了。

我生三个儿子，现在都在外面。他们也相隔很远。他们都很少回来。

我现在全日也去山上劳动，菜园呀，今年身体差一点了，老了。我老公死了 26 年了。我现在是住在对面山墩那里，是小儿子盖的新厝。

不过我经常回来看看。现在在这里养了几只鸡，本来清明节要杀掉吃的。后来没杀，一直养到现在，生鸡蛋。

# 包国兴口述

## 吴立迥是我的老师也是同事

我原来就是吴老师的学生，我祖宗是库村这里人，后来迁到双坑乡。我是 1961 年进泰一中，高二的时候，吴老师是我的任课老师。他教数学。

他在县城任教，不大回来。也不好回，那时候 75 里路，都是得走路的，要走十来个小时。

我们当学生的，有时候节假日会回来，我会替他带信给他父母。但交流基本是没有的，就是在门口，我说一下：我回来了，吴老师有信让我带。

回泰一中的时候，我也去说一下。

我1964年从泰一中毕业，考入杭州大学数学系。1979年，我也回到泰一中任教，我和吴老师就从师生关系变成同事关系了。我们是同一个组，都教数学。

吴立迥老师毕业于上海交通大学，学海运的。我听说他毕业的时候分配到大连的外轮公司，为三管轮，朝鲜战争爆发后，考虑到父母都在家乡，他就辞职回库村尽孝。他回来后，当地的新仓小学邀请他去当小学老师。

吴老师在杭州出生、长大，后来又上了大学，他讲话的习惯跟这里的不一样。比如讲地理，他不讲南极北极，他讲S极、N极。

后来，当地人举荐他到泰顺一中任教，他就在泰一中任职，一直教到退休。同时作为一个民主人士，他也是泰顺县的人大代表，泰顺县的政协委员。

〔注〕彼时南浦溪镇称为“新仓”。

他在一中的时候是个低调的人，话也不多。他也不太与人交往，个性比较内向。他数学的教学水平是有一定功底的。老师们对他也很尊重。

他去泰一中任教的时间是1956年或者1957年，我不太确定。他是1984年退休，那年他六十整，我记得清楚，因为那年我被任命为泰顺一中教学副校长。同一年，他退休，他的行李是我帮他送到这里来。

〔注〕《库村吴氏宗谱》未记录吴立迥老师的生卒年，按包国兴老师的推算，吴立迥老师约于1924年出生。

他退休以后，当地建了新浦中学，因为当时没有英语老师，学校就请他代课代了几年，教英语。

我知道他为了教英语，把牙齿补起来了。他说，我牙齿掉了，要补起来。返聘之后，学校给他钱，他坚决拒绝，不要。他说，我已经有退休金了。政府已经给我钱了，我能为家乡做点贡献，是我应该的，贡献点余力，是我的光荣，坚决不收。

后来新浦中学来了英语老师，他就回去了。回去之后，可以说就闲居在家了。

他父亲是一九七几年过世的。他母亲是1989年过世。那时候我还是在泰顺一中。

吴老师跟妈妈的感情很深厚，他退休后一直在妈妈身边，他会坐在他妈妈床边，给她讲故事，那些连环画上的故事。这些事他是不会跟别人说的。

吴老师是2008年的时候走掉的。他是中风，后来躺在床上一段时间，就走掉了。我没想到他会走。他以前身体很好的。我到一中任教的时候，他五十几岁，他跟我说：人家说腰疼，我说我的腰在哪里都不知道。说明他的体质很好。

他走的时候，我在温州五中当校长，我的学生打电话来，说吴老师过世了。我说，我马上过去。私人的遗言，吴老师没有留下来。后事是我帮他处理的。

他一生没有娶过媳妇，所以在这里也很平淡的一个人，独居，过生活。

他退休后，偶尔几次我到他家里拜访他，交流的话题，也是去年学生的成绩怎么样，老师、学校怎么样。私人的话题，我们没有交流。

我算是他这一辈子比较亲近的，接触比较多的。他的学生很多，一批又一批。我既是学生又是同事，所以会接触多一点。

五榴厝正房后部的挑檐廊柱

# 附：五榴厝建筑概况

所谓五榴厝，即该建筑为五开间民居。“榴”，音，当地方言，一般指包括楼下、楼上以及三层楼的一个开间单元。楼下通常内设楼梯通往楼上，三楼则为通敞空间，储放不常使用的器具或杂物等。

按当地民间传统，建筑正中间为明间敞厅，当地俗称“前间”，前间后面的空间谓之“后堂”，在后堂紧贴着前间板壁处设置楼梯通往楼上，楼上称为“大楼”。

五榴厝的结构基本遵照上述当地传统木结构民居的设计。不同的是，与在“大楼”的最前部设廊道通往左右两侧房门的传统做法不同，五榴厝从后堂楼梯上二楼，横向居中设一直廊，走廊两侧设房间。

另外，五榴厝的前后立面均没有设下层屋檐，楼上房间前面的板壁和窗户直接嵌连在檐柱位置，底层为上楼下廊的“骑楼”样式。并且采用玻璃窗户，开窗宽阔，在当时当地应算是比较超前的做法。

吴植赓所设计之五榴厝，虽然后来在实际的建造过程中，有说被师傅“改”过，亦有说被师傅“盖错了”，但大体上应该还是保持了他原来的想法，比如楼层的高度明显比库村其他古民居要高，马头墙的设计等等。

五榴厝两侧山墙高出屋面，厚实的墙体为夯土泥筑，蛮石墙基，墙头覆盖青瓦，参考了赣式、徽式的马头墙样式。包括正屋后面的“三合院”，也沿用了这一做法。

五榴厝正屋后面的“三合院”，亦为上下两层，总高略低于前面的正屋，进深较浅，楼下为厨房、杂物间等用途，楼上为谷仓，部分空敞，未有隔墙设置为房间。

院落中间有一水井，供洗涤用途。蛮石拼贴地面，四周有排水明沟。条石井台原来与天井地面平，后来为了安全考虑，修建了卵石井圈。

该建筑应该是在老屋基的基础上起建。此地处于世英巷左侧，地理位置极佳，建屋前不太可能是一片闲置空地。此前是何建筑？有何历史？待考。

# 古民居・故事　三榴厝 武德堂 山根厝等

# 写在前面

库村包宅有两座风格、造型相似的三榴二层土木结构民居，我们暂且称它们为三榴厝 A 和三榴厝 B。这两座三榴厝的前身，原是一座五榴木厝，建于 20 世纪 20 年代，与食德堂一墙之隔。

20 世纪 50 年代，它先是被政府部门征用作为粮库，此后，1972 年，政府将它拆除，在它的原址上新建一座更牢固更防潮的石头库房用作粮仓。原建筑的材料则被一分两半，它们各自的主人又添加了些材料，在原址的侧后方分别各建了一座三榴居屋。

三榴厝 A，因户主妻子的坚持，虽五榴变成三榴，规格与原建筑一致；三榴厝 B，因户主将厅堂的柱子锯短了些，整座房子的高度比原建筑稍低了点，其余大致相同。

它们的故事，与时代有关，谈不上轰轰烈烈，却也颇有意思。

访谈对象：包长荣
访谈时间：2022 年 3 月 29 日
访谈地点：南浦溪镇库村粮站

包长荣，库村人，生于 1952 年，文化程度为小学五年级，当过红小兵，在粮站干过活，去温州种过大棚菜，晚年回到库村生活。

## 兄弟俩合盖了一座房子

我叫包长荣，光荣的荣，长短的长。现在粮站这里原来有一栋房子的，我就是在房子最东头的那间出生的。

〔注〕包长荣所说“现在粮站”，其实是“过去的粮站”，即计划经济时代的粮站。粮站是20世纪50年代至20世纪80年代期间负责调拨管理粮食的机构。之后粮站渐渐失去了其实际功能，屋舍设施也长时间空置，如今库村粮库库房的内部空间被开辟设置为“清廉文化基地”。但当地村民依然按老习惯称它为粮站或粮库。

那时候的房子不是现在这个样子的，那时候是木头房子，一共5间，我叔叔住一头，我爷爷住另一头。

我爷爷跟我叔叔的爸爸是一样的祖宗。

〔注1〕包长荣所说“一样的”祖宗，即包长荣的曾祖父圣宙。圣宙字伯宇，号翼轩，生同治乙丑年（1865），卒年无考。

〔注2〕包长荣所说叔叔，其实是他的堂叔叔，即他的叔祖父所生的儿子，下同，不另加注。

我爷爷是哥哥，我叔叔的爸爸是弟弟。

〔注〕通过前面几次与口述人的交流，基本可以确定，如果一座房子两兄弟分，按规矩哥哥得厅堂左首房子，弟弟得厅堂右首房子。库村村落中的绝大部分古民居，因其地理位置，背山面水，房子基本朝南，所以包长荣一家住在厅堂的东头，即厅堂左首。

大概是1958年，国家也没有什么地方搞粮站，看准了我这个房子。那时候我们那房子盖起来才30来年，还是新的了。

哪年盖好的我不清楚，我爸爸是说盖了30年左右，1958年给国家征用了，把我们的房子当作粮库。把地板抬高了一点，楼下那层空的，就放粮食。稻谷、番薯丝这些。

〔注〕按《库村包氏宗谱》，包长荣的父亲包国翘，生于1925年。次年包长荣的堂叔叔包国役出生，可以推断，新房子的起建，与这两个新生命的诞生有关。

彼时这两个新生命的父亲们，包立德和包立瑞，一个三十出头，一个年近三十，一个是民国年间田产颇丰的农民，一个是民国年间风头正劲的教师，兄弟合盖一座五榴二层木结构房子，想必不是什么难事。

又：因《库村包氏宗谱》未记载包长荣曾祖父包圣宙卒年，所以此房子起建时，这位出生于1865年的老人家不知是否在世。

粮库后面这块地势略高的菜地，后来经历了猪圈、职工厨房等用途后，现改造为清廉文化基地配套设施

1958年，我7岁，怎么搬家的我不记得了，但家是怎样的我是记得的。以前有一个菜地，有一棵大杨梅树，有一棵葡萄树，有一口水井，水井现在还在。里面一点是猪圈，还有厕所。养猪的地方是用木头做的。

后面高一点的地方原来也是菜地，不是我们的，是别人的。原来没有围墙，是敞开的。后来粮站也在那里养猪。是国家养的猪，国家在这边做粮食储藏，上面养猪。

## 一家人在库村这里住几年，那里住几年

房子给国家征用后，我们一家就东搬西搬了，住过五六个地方，这里住一两年，又搬到那里住几年，就那样子搬过来搬过去的。

我有六兄弟，我是最大的。搬出去的时候，家里已经有几个小孩了，因为两岁（年）一个孩子，我已经7岁了，所以有三个。

那时候可能也没什么补偿，给我们一些粮票什么的。那时候国家很大，农民很小。那时候讲阶级，地主什么这些的。

我爷爷是富农。

富农没有剥削别人的，就是自己有几亩地，可能要雇一个长工，因为自己一个人种不下去的，必须要雇一个人帮忙。那样子你的田多一点，就算你是富农了。地主就是自己不劳动，专门雇几个长工来做。

1958 年政府征用房子，我爷爷还在世的。那时候他多大年纪，我就不清楚了。

〔注〕包长荣的爷爷包立德，如上所述，出生于 1890 年，于 1961 年去世。

我爷爷和我奶奶就搬到门口那一栋房子去住。不是食德堂，是再下面那栋房子（外翰第），可能自己去找的，你房子给国家拿走了，但是你总要住的嘛。

〔注〕包长荣这一脉，往上可以追溯到祖先应钟公，而应钟公的第五代长孙为正炎公，外翰第的建造者包涵是正炎公的第五代孙。算起来，他们都属于柏长房，而按库村村人回忆，在整个公社时代，很多老房子都有被政府征用做医院、粮站等的历史，所以彼此借屋而居，或同居于一个屋檐下的情况相当普遍。既然大家都是同宗同族，也就没有付租金的概念。彼此济急，住了就住了。

我爸爸就带着我们住门口垟老街那里的一家，那一家人当时不在家，那时有“大跃进”，可能去烧松树油什么的了。后来在包独荣老师的房子（澍德堂）也住过，上一栋房子（衣德堂）也住过。

我叔叔他们家也是这样子弄。他们住在包书记（指库村包国岳，住在门口垟）隔壁的老房子。

我叔叔的爸爸，他是办教育的。他是相当有名的，在国民党时候他可能是校长职务。

〔注〕包长荣口中这位叔祖父，如前所说，行名立瑞，名包容，字琬如，师范毕业，《库村包氏宗谱》记载：公自毕业于师范，俱在教育界事业，桃李百顷，得以泰顺教育局赠额曰：树人有道。

库村人口传当年库村吴宅“说了算”的人物为吴惟钞，包宅“说了算”的人物就是这位包立瑞。据说这两位人物彼此互有往来。

他新中国成立前就去世了，可能因为生病。我的叔叔有两个，原来都住在一起，后来都搬走了，各自找地方住，所以人都散掉了。不过都还是在库村，那时候别的地方走不去的，那都是集体的嘛。

我们年轻的时候，都在粮站干过活，我们的粮站是整个乡的粮站，我们挑东西到筱村去，挑到莒江那边去，又把筱村那边的大米往我们这里挑。那时候没有公路的，都是用肩膀挑的。

我们的供销社也比其他地方的供销社要大。我们有十一二间，其他地方没有那么大的。那时候商业的东西基本都是在我们包宅这边。

那时候每个人都住老房子。每天晚上小孩子一大堆在那里玩，村子也很干净的。我们水都是溪里挑来吃的。

现在人少了。

## 我妈妈说，房子要和原来的一样

1972 年，政府把我们那栋老房子拆了，在原来的地方建水泥房子，墙是石头的，这种房子

| 旧屋拆料重建的包长荣家族住宅一角

比较牢固，也防潮，放的东西也多。

那些拆掉的木料就还给我们了，东头的归我们，西头的归我叔叔，中间不是有一个厅堂吗？那些梁木，你一条我一条，你一条我一条，我们就是这么分掉了。

政府还补偿了2000块钱给我们。我们就再买木料重新拼起来。因为现在我们的房子是盖3榴，原来的房子是5榴，两家分了，木料还不够的。

房子重建，是我爸爸主持的，那时候他大概50岁左右。年纪也还不算大。

〔注〕包长荣父亲出生于1925年，1972年时应为47岁。

我们的房子原来多高，我们后来移过去也是一样高。大小长宽都一样。

因为那时候我妈妈说房子要跟原来的一样。是我妈的主意。这个房子是按照她的意思做的。

包长荣叔叔家同为旧屋拆料重建的三榴厝

盖房子的师傅是洪口那边的。原来盖5榴那个房子的时候，他是徒弟。后来，1972年的时候，他已经做师傅了，我爸叫他来盖的。后来房子盖好了，送礼的一个猪头是我挑去的。

刚好我一个姐姐嫁在那里，所以我去过那个地方。

盖房子的时候，村里人都帮忙做助工，没有付钱给他们。前后盖了大概两三个月时间。

〔注〕盖房子、红白喜事等，村人帮忙都是义务性质的，这是当地农村古来的一个传统。

房子盖好了，我们也有上梁仪式，很热闹的，大家都来看，师傅还在梁上抛馒头下来给大家抢。

房子建好后，我们搬进来，总算是安居了。我叔叔他们也在附近盖了一座三榴的房子。

## 离开过库村，后来又回来住了

房子盖好之后，我们就搬进来住，那时候我们楼上楼下都住人。我是在新房子成家的，三个孩子也在那里长大。我四弟也在新房子成家，他后来去当兵了。

一九九几年的时候，我们夫妻俩都到温州永嘉桥头那边种大棚菜，种了 10 来年。

后来种得差不多了，也不想做了，我们就回来把房子装修起来，住了十几年。

因为我的弟弟们后来都陆续在外面买房子了，所以这老房子就我们在用。

那时候我妈妈也跟我们住，她爱种花，在屋前种了各种各样的花，哪里来的花种我也不知道。

她也很爱干净，经常扫地，所以我们这一片很干净的。

后来我们村里搞修缮，包国福当书记的时候，把周围绿化带都做起来了。

现在我们都搬到外面住了，我们也在外面盖了新房子，这房子就空在那里了，不过我经常过来看看。

你看房子上的悬鱼也是从老房子带过去的，本来是完整的，前些年我们请福建的老司来修理房子时，被他钉破了，断了一点，我舍不得扔，就收起来放在房间里。

## 另一座三榴厝

用同一座五榴房子拆下来的木料构件，自己又添了木料另盖的另一座三榴房子，即包长荣堂叔的房子，就在包长荣房子的附近。包长荣说，这座三榴房子的柱子和他们家的柱子是一样的，不过现在被锯短了点，整座房子也因此稍矮了点。或许跟这座房子坐落于路边有关，包长荣的房子前面有宽敞的院子，这房子的空间则稍显局促。

武德堂现虽已朽败，仍可看得出当年木匠师傅工手之精巧，选材亦讲究

库村包宅带院落的古民居，除了“恒德堂”“食德堂”“外翰第”“衣德堂”“澍德堂”等之外，尚有武德堂和山根厝。他们的祖宗都是包全公在库村的第 22 世传人文善公的后人。

文善因号柏轩，他的子孙自称柏房。文善生五子，所以他的子孙又分别自称柏长房、柏二房、柏三房、柏四房、柏五房。

其中“食德堂”“外翰第”“衣德堂”“澍德堂”传人均为柏长房。武德堂和山根厝的传人则为柏五房。

## 关于武德堂

三榴厝左侧便是被库村人称为“武德堂”的二层木结构民居，原为七榴，20 世纪 70 年代屋主之一在古村外盖新房，需要木料和瓦片，拆了右首边上两榴房子，所以现在房子以厅堂为中心，左首三榴，右首一榴。

据传房子的主人为八兄弟，八兄弟均习武，厅堂里曾置有八根练功用的木棒，所以取名武德堂。查《库村包氏宗谱》，与武德堂有关的包氏是柏五房士升公派下昌字辈八兄弟：昌绩、昌印、昌鳌、昌龙、昌虎、昌会、昌英、昌雄。

山根厝门楼。门槛和蛮石拼花地面

按这八兄弟的生年，均在清乾隆年间，如昌虎生于清乾隆甲申年（1740），昌雄生于乾隆癸巳年（1773），如果村人所传为真，那么该房子的建筑年纪已有200多年。如今户主多为昌虎的后人。

柱础大多为石制，早期亦有以木块为材横置于柱底者。山根厝门楼的柱础即为木质材料

昌虎，行名正邦，字成沛，号裕庭，又号勋臣，生乾隆甲申年（1740），卒道光乙未年（1835），生子四，兆广、兆洪、兆日、兆猎。

其中长子兆广的后人之一后来建了恒德堂。而当年包涵为之写过寿序的便是兆洪。兆洪这一支的后人之一迁到门口垟，但兆广和兆洪均有后人依然留在武德堂。

又，库村包氏“流行”为自己的住屋起堂号，我们推测是包涵所处的年代，毕竟《库村包氏宗谱》可考的只有包涵的“食德堂”，至于武德堂是因传昌字辈祖上八兄弟均是习武之人而早在“食德堂”之前就取的，还是后来武德堂的后人“跟风”而取，就不得而知了。

总之，从昌字辈八兄弟“鳌”“龙”“虎”“雄”等威武的名字中推测，村中关于“八兄弟”都是习武之人的传闻或许是有根据的。

据武德堂户主之一，库村人士包长彩回忆，该房子厅堂梁上原来有一幅卷轴画，画上有一个戴冠帽的人端坐着，手里拿着什么东西，两边各有一人侍立。每年春节，少年包长彩都会把画取出来挂在厅堂，之后又小心把画卷好，放进竹筒，再放回梁上。后来，不知什么时候，那画就不见了，再也找不到了。

包长彩所说那幅画，据他的同宗族人包长族说，应该不是他们自己的祖宗兆广。查《库村包氏宗谱》，我们推测可能是兆洪公，因兆洪是六品顶戴，有官衔之人，且他的后人之一也留在了武德堂。

可惜这幅栩栩如生的画像，20世纪60年代的某日某夜，突然消失，此后再也不能寻见。

倒是曾挂于厅堂的一块木匾，虽然被人用锄头刨去了上下落款，仅留“厚德可风”四字，虽曾被用来做猪栏，但终究保留了下来。

## 关于山根厝

武德堂的左侧，一地势稍高靠近山脚之处，另有一个独立的院落，里面一栋五榴二层夯土外墙木结构民居，便是村人口中的“山根厝”。

山根厝的建筑年代，相传比武德堂更早，因山根厝门楼的建筑风格，颇有明时遗风。至于山根厝本身，原为五榴二层木结构建筑，20世纪60年代，户主之一将属于自己的那一榴木料拆除，以移到古村落外面某处盖房子，使得整座房子因此倾塌，此后，其余户主在此基础上重新修建，成了如今外墙泥筑，内部木结构的建筑样式，但彼时因木料短缺，该建筑并未完全完工。

山根厝如今户主为柏五房士升公派下幼子昌雄的后人。

昌雄，乳名八德。生乾隆癸巳年（1773），生子六。不知何故，昌雄所生前五子，均无后，按《库村包氏宗谱》，只有幼子兆笃育有三个儿子，其中第三个儿子天复后来被四伯父兆达立为嗣子。天复生了两个儿子，起夏和起秋。

结果兆笃自己的前两个儿子都无后，所以天复所生之起夏，又出继给自己的二哥当儿子。

事情还没结束，起夏当了伯父的嗣子，生了两个儿子，圣东和圣元。起夏自己的亲弟弟起秋又无后，起夏的大儿子圣东便又去给叔叔当嗣子。

如此，昌雄的后代，从兆字辈开始，整整四代，都“忙”着给兄弟“绍嗣”，这跟农村注重血脉延续的传统有关。而所有种种，《库村包氏宗谱》都忠实而详细地做了记录。

如今山根厝的主人为圣元的大儿子立景。圣元生二子，小儿子立权，生于1978年，《库村包氏宗谱》记载，出继南浦溪吴惟宾。

武德堂老屋，院落宽阔

人物

# 血脉的力量 包国胜 包国库 包国岳

# 写在前面

汉族或许是世界上最重视血脉延续的民族，古训即有“不孝有三，无后为大”。纵观库村包、吴两氏族谱，从各自的氏祖包全公、吴畦公至今千余年，四十几代子孙后裔的传承，不时会看到“绍”或“出绍”的字样，多为同宗族兄弟间人丁兴旺的那房，把自己的儿子之一出继给无后的那房，以保存对方的血脉延续。如吴畦公次子吴承，跟着叔叔去了庆元，因为膝下无子，就绍了叔叔的孙子之一作为嗣子。

也或者绍别的姓氏，但有血缘关系的亲族为后。如 4 岁时坐在箩筐里被挑到吴宅下厝，给舅舅当儿子的吴立苏。

也或者，家中只有女儿，没有儿子，招了男子做上门女婿，所生孩子随女方姓，以承继女方家族血脉。如本篇口述人之一包国岳的父亲。

也或者绍并无血缘关系，但有亲情关系的为后，如本篇口述人之一包国胜。

也或者，因为无后，抱养了无血缘关系的孩子。如本篇口述人之一包国库抱养的女婴，包国库的女儿长大后，所嫁丈夫为“双挑”，即承担双方父母的血脉延续的重任。

而所有种种，因为当事人以及相关族人、村人之间存在着根深蒂固的理解与默契，并不会因此产生各种歧视或不公的现象，而导致当事人心灵的扭曲或偏差，他们坦然接受自己的命运，而视自己为宗族中的一员，这种身份的认同，我们或许可以将之归结为血脉的力量。

它始于血缘的延续，但它的含义比单纯的血缘延续要丰富得多也复杂得多，或许暗合了人类对于永生的追求与渴望。人类明知道个体的永生只是妄念，但通过血脉延续这种方式，于某种意义上也算是永生的实现。

访谈对象：包国胜、包国库、包国岳

访谈时间：2021 年 12 月 29 日、2022 年 3 月 27 日、2022 年 4 月 1 日

访谈地点：南浦溪镇库村

包国胜，库村人，生于 1941 年，幼年时跟随改嫁的母亲来库村，为包立松继子。温州师范毕业后任乡校教师 30 多年，擅长写粉笔字，也擅长写毛笔字，退休后家门口的春联年年更新。

包国库，库村人，生于 1946 年，4 岁时，母亲改嫁同村人，由父亲包立财抚养长大，15 岁时父亲去世。包国库曾去林场育苗、种树，后学习“做篾”手艺，外出打工。四十几岁时娶妻，因妻子未生育，抱养别村女婴作为养女。

包国岳，库村人，生于 1959 年。包国岳父亲为入赘女婿，生包国岳之后，包国岳母亲被卖到文成。包国岳曾随母亲到文成生活，后独自回到库村老家，由家中长辈抚养长大。于 20 世纪 80 年代开始在村委会任职至今。

# 包国胜口述

## 我过来就跟我父亲的姓了

我今年 81 了，我是 1941 年出生的。我兄弟有三个，都不在一起的。那时候家庭困难，我的妈妈命不好，这里带带，那里带带。

我是第二。大的在平阳。我妈妈是离婚离过来的。我也是她带来的，大概八九岁的时候。那时刚刚解放。我过来就跟我父亲的姓了，也入了包氏宗谱。那时我父亲三十几岁。他新中国成立后是村干部，1953 年入党的。

我父亲三兄弟，我父亲是第二。他哥哥是做戏的。做木偶戏。还有一个 5 岁就给别人掉了（指出绍）。

我妈妈嫁过来之后生了我妹妹，我父亲的哥哥没有娶亲，我妹妹就给他当孩子了。他现在已经过世了。我父亲和母亲也都过世了。

## 写粉笔字？我是喜欢呢

我读书读得迟，1958 年这里小学毕业。那时候我已经 18 岁了。小学毕业后就到筱村读中学，我是筱村中学第一届学生，平常住校，周末回家。

我父亲对我挺好的。一直让我读书。但是到了 1960 年，家里实在没有粮食了，我就回来了。我在筱村中学读了两年，回来的时候初中还没有毕业。

包国胜老师写的粉笔美术字

1965年，校长到我家里来，让我们这些读过书的重新去考试。1965年我去莒江报考的。考了语文和数学。我们村里面4个人，就我考上了温州师范学校。

那时候温州师范学校办在松台山，一共12个班，一个班50来个学生，大的二十几岁，小的十几岁，年纪都不一样，当时泰顺考上温州师范学校的有16个人，分在四个班，一个班四个。那时候我们一个月10块钱伙食费，够吃了，吃得很好了。

1968年我毕业，毕业后就到县文教局报到，分配到各个学校，我分到联云那里。后来，1971年回到这里，中学教教，小学教教。我教语文。我是国家编制。也不是代课，也不是民办，是国家编制。我们是读书读出来的。

不过我也种地。一九七几年，当老师工资三十几块钱，不够用。

那时候学校里学生也多的，小学五个班，中学也有四个班。老师有外地人，也有本地人，像包独荣老师，今年八十几岁了。还有吴时诀老师，我们都在一起的呢。

粉笔字？喜欢呢。那时候我负责黑板报，搞黑板报的人，写字不好，不好看的。画我画得不太好，是另外的老师画的。

毛笔字也会写，自己喜欢。我一般写黑体，宋体也有写。这个我有跟长辈学的，包长沛老师，他也是库村人，供销社那里“敬祝毛主席万寿无疆”那几个字就是他写的。他和我是同一个学校的老师，比我大得多了，大个二十几年。现在已经去世了。

〔注〕包国胜老师称包长沛老师为“长辈”，但按辈分，包长沛老师比包国胜老师晚一辈，和包国胜老师的儿子包长录是同辈。

我当老师当了30年，1998年退休，那时候身体不大好，提前退了，58岁。退了30年了。

## 我也喜欢出去玩的，香港、澳门都去

我父亲的房子原来在石门楼那里，当时门口垟、石门楼那里是最热闹的。那里是村里面的中心点。我的家就在那里。是石头做的房子。

后来，石门楼那里的房子拆掉了，1964 年拆掉的，那里就给别人盖房子了，我爸爸在后面一点另外盖了泥墙房子。那里原来是菜地，村里批给我们的，我爸爸就把泥土打过来做墙，盖了两榴平房。

我们一家住在那里。我也是在那里成家的，我老婆是筱村人。我们生了三个儿子，一个当老师，一个做木，一个做皮鞋。

包国胜老师的家

退休后，我也有去罗阳走走的。我也喜欢出去玩的。很远哦，香港、澳门都去的。在台湾还住了九夜。厦门也去。在家里很无聊嘛。反正三个儿子已经大了。

是村子里的老头子一起去啊。现在几个老头都死掉了，回去（指过世）了。

我老婆没有一起去，她回去已经 14 年了。

## # 包国库口述

## 4 岁时，妈妈改嫁到同村同姓人家

我叫包国库，和国岳是同辈。仓库的库。

我没有兄弟，就一个人。我妈妈是离婚的，到我爸这里是三嫁了。我上面还有一个哥哥、一个姐姐，同个母亲的。我那个哥哥姓徐，现在在温州工作。

库村门口垟老街一带，早年有许多商号店铺，同时也是与外面联系的通路。

以前农村的女人都很苦，卖来卖去，因为太穷了。她嫁给我爸爸的时候，我爸爸 44 岁，我妈来的第二年我出生，后来家里太穷了，我妈妈又改嫁了。我就留在这里。我爸爸把我养大的。我妈妈改嫁的时候我 4 岁。

她改嫁的人也在库村，同姓的，就在我们附近，现在“阿婆的饼”那里。那边那个房子就是我弟的，我们是同母异父。现在都有来往的。感情都很好的。

小时候不容易，很苦，没有粮食，地瓜丝都不够吃。我妈那边自己也很苦，也没法帮我，大家都苦，那个时候每家都苦。

我 15 岁的时候，我爸爸死了。我妈妈是 1968 年去世的，死的时候 56 岁，属兔。她是毛山人，文成珊溪的。

她走掉的时节我都有去的（指参加他母亲的葬礼）。

## 后来我就出门去做篾匠

我爸有四五个兄弟，他排行第四。他们都是种田的。我爸也是种田。

我公（即祖父）做什么的，我不大清楚，也没见过。聚德堂那个房子跟我是没有关系的，可能是上辈就已经分掉了，没有我的份。我的大伯父有份，有一榴。我们是自己独立的小房子，在聚德堂边上。

我在库村有上过学。小学四年级读完，就去林校读。去泰顺的林校。

读了两年林校就散掉了。后来又去农中读，去筱村农中。那时节也没学什么，反正就是半工半农，也都是要干活的。

那时我十六七岁，在农中也过了一个年了，读了两个学期的。后来农中停办了，没办法，我就回来了。

后来我就去林场工作，我表兄当时在那里当场长，他是第一任场长。我在那里前后待了五六年。在林场就是造林，育苗。刚开始每个月工资 16 块，后来加到 22 块，22 块加到 26 块，26 块工资的时节我就回来了。

因为“文化大革命”了，我表兄被打倒了，他们就要我回来。后来我就出门去做篾（即用竹篾制作器具的手艺）。

后来我表兄平反了，叫我回去我没回去。叫我小叔回去，他也不回去。如果当时回去，那现在就好了，你看原来在那里的人，现在工资有五六千呢！

我表兄是莒江人，姓夏的。

包宅“聚德堂”现仅存横楼，门楼遗址与白墙之间即是“世英巷”

## 其实也算安乐的

我也是四十几岁才娶老婆，我老婆也是离婚过来的，娶过来时，已经结扎了不能生，我这个女儿不是亲生的，是洪口那边抱养的，头天生，第二天就被我抱过来了，都是吃奶粉的。

我送我女儿读到高中，后来她不读了就去打工，去开店。她现在在宁波，我女婿在宁波工作，是永嘉人。他们就在那里安家。去年刚生了一个男孩。

我那个女婿，不算入赘，他是“双挑”，就是两边的父母都要养。

我女儿对我们很好，我也有经常去宁波看他们。过年都有去，这次最近才回来，去三四个月了。

现在年纪大了，种田种不了了，身体吃不消了，就是菜种一点，大部分也是买些吃吃。钱够用就好了，失地保险、农保……现在有几块钱好领，那就这样子过日子了。

其实也算安乐的，生活上没有什么大的困难。主要就是家里夫妻有点不睦，有些遗憾。

# #包国岳口述

## 祖上曾是六品顶戴，曾兴旺过两代

我叫包国岳，是库村人。包全公第35世孙。清代包涵公给他写过寿序的那个祖宗，是从我这辈往上排第六世祖。

〔注〕包国岳的祖上包兆洪在同治壬戌年以军功赏六品顶戴。他六十大寿时，包涵起草了一篇寿序，由林瑛提笔，寿序共四幅，用金粉书写。

我现在住的房子，应该是我五世祖的时候造的。因为我那个房子是两退，中堂很大的，还有官报贴在那里。拆掉的时候那官报都还在。

〔注〕包国岳所说第五代祖宗即包天韩。天韩公生道光己丑年（1829），援例入监，卒光绪壬辰年（1892）。所贴官报应该是天韩公的。

当时那是七榴的房子。他死了之后，家就慢慢败了，就一点点卖掉，卖得剩下两榴了。官厅也卖掉了。

## 贫穷的年代，不幸的童年

到了我阿太那一辈，他就没有儿子了。听说他养了三个儿子，都死掉了，就剩下三个女儿，就把其中一个女儿的女儿叫过来当后代。我父亲也是叫过来的。

〔注〕包国岳所说阿太，指的是曾祖父圣木公。

包国岳收藏的他六世祖兆洪公六十大寿时的寿序，如今依然保存完好

我父亲来的时候已经30来岁了。他是1955年来的。他姓毛。他也贫困，是一个孤儿。他七八岁的时候，他老爸老妈就死掉了。他是篾匠。一点文化都没有。因为他是孤儿，所以也是很小就学做篾，没上过学。

我是1959年出生。本来是老三，我两个哥哥，有个3岁死的，有个出来就死掉了。那时候医疗不方便。

我3岁的时候，我老妈眼睛生病，欠了一点债，到了12月了，家里米也没有，没一点粮食，后来就去我姨妈家。我姨夫会赌博的，他跟人打赌，欠了债，就把我妈卖掉。卖到文成去。

后来我爸第二年就走了。他出门就不回家了。

我就只能跟我妈去文成那边生活。

8岁的时候，那边有弟弟妹妹生出来，我就回库村。库村家里一个老奶奶还在，她那时候70多岁。我就跟她一起生活，砍柴、种地……

那时候好像是现在的低保一样，生产队给些粮食。两个人一年300斤稻谷，300斤地瓜丝。就靠村里照顾。亲戚朋友帮一点，我外婆也帮着照顾我。

我5岁的时候我老爸回来一次，8岁的时候回来一次。然后就又出去了，就没再回来。他在龙泉。

我初中毕业，高中读了一年，后来生活维持不下去了，就学做木工，出门打工，也曾经去龙泉找过他。我们这一带也有人在那边，做篾做工的人很多，有地址的。我去找他，他在那边也成了家。我去的时候他年纪大了，已经不会劳动了。

我跟他一起出去，别人问这个是谁，他说我儿子。别人说你以前说没有成家，怎么现在又跑出一个儿子这么大。

他 1992 年的时候去世了。死在龙泉。是他后来的儿子写信给我，告诉我他病得很重。那时候我种香菇，也结婚了，家庭负担比较重，还欠了几百块钱。那年 3 月份，种香菇正忙的时候，我到罗阳去，结果三天内的车票都买不到。我家里又这么忙，后来就没去了。

他坟也在龙泉那边。

## 年轻时当生产队会计，后来一直当村干部至今

我年轻时也去了好多地方打工，我去过上海打工，去过福建打工。其实我 1978 年就当过生产队会计。会计当了好久，那时就开始在村里做事了。

我是 1998 年开始当包宅村书记。到了 2004 年，我们 6 个自然村（包宅、吴宅、蒲洋、黄山、陈山、潘山）合并，第一书记是乡里派的，我是村书记。是第一任书记。

2008 年之后，吴立苏、包国福、包国宣先后当选了书记，我退下来当副书记兼监督委员。我觉得自己能力也有限，但还是愿意为村里做事情。因为一直以来，村里对我都很好。

当村干部的这些年，村里经历过的大事，印象深刻的就是 2006 年的地震。那是夏天，好像农历六月份左右，前后持续了十来天，外面没多大影响，但是这村子里头破坏还是蛮严重的。有的房子都倒了。危房里的人都撤出去，撤到当时的村委会，空地上搭建了很多帐篷。不过没有人伤亡。

2013 年的台风对于我们来说倒还没什么。1990 年的台风影响更大，洪水都漫到屋里来了。

那时我一个妹妹从建瓯回来，车子就停潘洋碇步那里过不来了，我小外甥大概刚出生四十几天。我妹夫把大的外甥背上来了，跟我说她们还在下面。

我说赶快走，我跟你下去。我们下去后，带了 8 个人上来。我们一家，还有另外三个其他人。

我的妹妹和我是同母异父。我有两个妹妹两个弟弟，我们还是有来往的。文成那边很多人出国，现在他们也都在意大利。

包国岳小时所住的门口垟老街一带，早年有许多商号店铺，同时也是与外面联系的通路

## 我们现在的日子是不错的

我 18 岁的时候出门到我爸那里去，去三个月就回来了，那时候老房子整个塌掉了，不能住人了。

后来靠村里的人，亲戚朋友和好心人帮忙建起来。就建了一榴。后来结婚也就是在那边。到了一九八几年才重建，建了两层，一榴两层。

我生了一个女儿一个儿子。我儿子也很争气，读到大学本科毕业。他是合肥工大的，现在在温州，自己开个小公司。

女儿读到高中毕业，高考的时候正好身体不舒服，没考好。后来我让她复考她就不复了，去打工了。现在也结婚了，孩子都 5 岁了。

我自己那代苦，我妈妈那代苦，我的后代现在都还算好。我也很知足。

## 【后记】

这三位库村人的经历，谈不上跌宕起伏，他们的人生，称不上波澜壮阔，他们是普普通通的村民，他们所经历的苦难，是彼时同时代人共同的苦难，而如今他们说："其实日子是安乐的"，"我也很知足"。

此外，在访谈的过程中，我发现，这三位口述人的母亲，全都经历了改嫁的命运，仔细思索口述人的言语，他们母亲的"改嫁"，其实不是主动的，而是被动的。

不是因为她们"嫌弃"丈夫家贫困，更不是因为与丈夫感情不合——彼时的中国农村妇女，还未有"感情合不合，性格合不合"这么奢侈的考虑，如本篇口述人包国库所说"感情不睦"。她们改嫁，有时其实是被丈夫"出卖"，或被未来的丈夫"所买"。

当然，这些丈夫们"卖妻"或"买妻"，也不是因为他们人品恶劣，而是因为贫困。他们肩负着"传宗接代"的重任，但是他们无力担负一个完整家庭所必需的物质所需，他们的妻子，便成了"牺牲品"，她们被"买"或被"卖"，目的只有一个，为她们过去的丈夫或未来的丈夫生儿育女，为他们完成"传宗接代"的重任。

而在这个过程中，几乎所有的女性，都是默默地，无怨言地，接受着自己的命运，她们养育孩子，被逼"抛弃"孩子，继续为另一个家庭养育孩子……直至老去，死去。

幸运的是，她们的孩子们，并未因此怪罪自己的母亲，她们的孩子们，如这三位口述人，都还能在母亲们的有生之年，与她们保持来往，也与她们所生的不同的孩子互有往来。而且他们说，"感情都挺好的"。

这，或许也可以归结为血脉的力量？

# 游子归乡　包登峰

## 写在前面

如果我要为自己在库村这八年的状态打分，我打 80 分。我在人生的某个阶段经常会打分的。80 分是我给自己打的最高分。我回顾之前在外面，如果从精神层面来讲，不管待在哪里都是不及格，都是很痛苦的。

但是很奇怪，没遗憾的。我这个人，遗憾在我的人生当中几乎没有。这是我感到最欣慰的地方。包括谈恋爱、结婚、工作都这样，我都是尽力的，我尽力了就没有遗憾。

——包登峰

访谈对象：包登峰

访谈时间：2022 年 3 月 27 日、4 月 11 日

访谈地点：南浦溪库村

包登峰，库村人，生于 1966 年，温州师范学院中文系毕业，毕业后在泰顺一中任教，数年后离开泰顺，先后在温州、杭州、北京、云南等地从事教育工作，曾任浙江教育文理学院团委书记、学生处长。

2013 年，包登峰回到库村，租下库村古民居澍德堂，作为自己的读书写作之处，同时开设库村书院，定期举办四季论坛，邀请友人或相关人士开展主题研讨活动。

## 爷爷在库村经营南北杂货，号聚泰堂

聚泰堂的老牌子

我叫包登峰，是 60 后，库村包宅人，包氏第 38 代传人。算下来，我的家乡库村已经有 1200 多年历史了，但这些我以前都不知道。

新中国成立前我爷爷开了一家“聚泰堂”，经营南北杂货，是私营的，新中国成立后公私合营了，政府就安排他到南峤那边去，那里的生活用品由他来供应。

我爷爷原来经营的聚泰堂，就设在库村现在我妈妈住的那个地方。当年还有一个广告牌，写着“包聚泰号，自运南北杂货”。这个老牌子一度下落不明，后来有个老人家在一个老宅院养鸭子的地方找到了，送回给了我们。

我爷爷的祖屋在现在包氏祠堂门口那边，原来有一个大院子，可以住很多人。我爷爷的兄弟里，有从事中医的，有种田的，我爷爷从事商业。

他排行第三，人家都叫他“三公”。土改时，他的成分是小土地。地主、富农、小土地、中农、贫农，当时是这么分的。

原“聚泰堂”商铺所在的门口垟老街

他也算是泰顺知名的工商户。我了解到，他也是有请帮工的。那时候南浦溪（旧时称漈头）、莒江、百丈等附近一带，所有人都要到我们家买东西。包括瑞安、温州都有人知道我爷爷的聚泰堂号，因为他要去进货嘛，一次几十担挑过来卖给老百姓。

我爷爷字写得很好，对联都会写的。我小时候看他写过对联，现在想找，找不到了。他的文化程度应该是高小。

〔注〕按《库村包氏宗谱》，包登峰老师的祖父名慕恢，生光绪辛丑年（1901），卒1970年。高等小学毕业。

我爷爷经商，除了养家糊口，就是要发展。这个我们从小就知道的。孩子必须要读书。我父亲，还有我三叔都是读书人。

## 小时候，一直把章前垟当家乡

新中国成立后，我爷爷带着家人去了南峤，那时我父亲和几个兄弟都已经出生了。我五叔大概是在南峤出生的。

我父亲是第二个奶奶生的。第一个奶奶生了一男一女，后来她生病去世了，留下两个孩子是我的第二个奶奶抚养长大的，男孩就是我的伯父包达明。他新中国成立前参加地下党，后来任南京军区机要处处长，因为工作性质，他就没有回过家乡。

所以我父亲虽然在儿子辈中排第二，但当时家里他算最大的，要劳动。他背了好几年木头。我后来听说，他背松木在库村是第一名。

他晚年的时候背上有一块很大的肉，看上去像驼背一样，是当时背伤到了。通过劳动我父亲才知道我爷爷的话没错，不读书，就得劳动一辈子。

后来他就考上瑞安师范学校，那时候他已经二十几岁了，比一般的同学年龄大好几岁，读书就很认真了，毕业后分配到筱村中心校，“文革”期间，调到章前垟村小任教。

有一次他去家访，遇见了一个刚放羊回家的女子，那个人就是我妈妈。我妈妈原来在泰顺中学读书，1953 年，学校停课，她就回家乡，砍柴，放羊。我父亲和我妈妈就这样认识了。我爸爸是性格跟我差不多的一个人，就直接写信。

我外公当时是当地的医生，老中医，他认识我爷爷，他们在县里开会认识的，他知道我爷爷店开得很大，也比较会做好事，比如我奶奶会把饭烧好放在街上给穷人免费吃。他觉得这门亲事是可以的。但是有一点，他提醒我妈妈，根据信里的内容来看，写信的人性格是比较急躁的。的确，我父亲性格是比较耿直，有话就说。他也有才，写过小说，诗歌。

后来他们俩就结婚了。那时候我妈妈十七八岁，比我父亲小 10 岁。

1966 年，我出生。我们一家人住在一个亭子里，就是那种路亭，路亭旁边有个泥墙仓，前面一个尼姑庵。那是我童年记忆最深的地方。后来我从北京回来就去找那个地方，但是已经被拆了，剩下一块大石头，写着 “章前垟”。

我是一直把那里当家乡的。那时我根本就不知道库村。

在章前垟，我记得很清楚的一件事是我父亲从南峤回来，对我妈妈说我爷爷去世了。这我是永远记住的。

## 6 岁随父母回到库村，后来强烈地想离开

1970 年，我的父母带着我回到库村。

当时的政策是知识分子要回老家，接受贫下中农再教育，分到队里劳动。我父亲告诉我，我们的家在这里，我们的房子在这里。结果进去一看，房间全被拆空了，有人在里面打铁，还有一个老人住在里面，可能也是困难户。楼上晒着第三大队的地瓜藤。我们整理了好长时间，就在那里安家了。

后来我在包氏宗祠读书，那是政府办的学校。一直读到初二。初三去筱村读。

那时候我们边读书，还要边参加劳动，比如生产队里有一头耕牛，大家要轮流放，割草给它吃。我们还要种菜、砍柴、养兔、养鹅…… 割稻、打稻谷、晒稻谷都要帮忙。

那时候觉得生活在这个村里很苦，整天要劳动，又吃不饱。我的记忆当中，印象最深刻的就是两个字：饥饿。

本来按道理我身高一米七肯定会有的。我爸爸也讲过，他说这个孩子出生的时候很好的，后来应该是缺奶水。我小学的时候饿肚子，初中也饿肚子，到了高中也是一样，那个时候粮食就算有一点也是不够的。

所以就想改变自己的命运。想离开。

这个想法太强烈了。我们村的很多孩子，长大后都出去打工了。

我们家条件好一点，我就参加高考。但是我成绩不好，考了好几次没考上。那时候我就想，再试一次，不行就去学做木匠。木匠有两类，大木和小木，我这身体，看上去那么文弱，也做不了大木，只能做小木。

那一年我就考得比较好了，考完我就知道今年肯定没问题了，有戏。

那是 1985 年。我第一志愿是填北京大学中文系，校长说你为什么填北京大学？我说万一试卷改错了呢？反正考不上填一下有什么，又不犯罪。他在那里大笑。

后来我考上了温州师范学院。还是我梦想的中文系。当时的学制是三年，那三年改变了我的整个人生。

当时参加高考，是为了能有饭吃，但实际上，它改变了我的内心世界和我的精神格局，让我变得自信。后来我随便在哪里，即使辞去工作，什么都没有的时候，我也依然很自信。

所以高考虽然也有弊端，但是它的作用不仅仅是我们平常所判定的那些因素，而是精神层面的东西。

## 选择师范专业，是因为小时候的美好记忆

我当时在职业选择的时候，是非常清醒的，学医我肯定是不喜欢的。我外公是老中医，我小时候在他的乡村诊所里看到的那些场景，感觉不是跟我内心对的那种，而且中医的博大精深，我也觉得吃不消，从小我就感觉太复杂了。

所以我当时喜欢的就是两种职业。第一是军人。我从小的理想就是当兵，我姨父和伯父都是军人，我小的时候他们给我送过一个军帽，那个军帽就是南京军区的，上面还有颗五角星。

但是我眼睛不行，没机会了。

第二个职业就是当老师。我自己也在思考，为什么在那么艰难的情况下，还有那些美好的记忆总是挥之不去，那么清贫的生活后面总有一种诗意的东西在那，为什么？

我后来想，这可能就是跟教育有关。比如说在夏天的夜晚，父母亲告诉我哪里是北斗七星，为什么北斗星在这个位置，我父亲还会摆出一些简单的零食，比如麦豆做的饼，茶也喝一杯。我父亲还会教我背唐诗。那次有一个瑞典来的教授问我，唐诗当中最喜欢哪一首，我说就是我父亲教我的“床前明月光……”

我最早接触的中国文学就是这首诗，我说这首诗是写得最好的，它每一个字都很浅，但是组合在一起很美，已经影响了我们一千多年了。

所以你看，夏天的夜晚，背这样一首诗，吃点豆饼，喝杯茶，看看北斗七星，这些美好的记忆就一直流淌在我的血液当中，变成了强烈的创作欲望。

我高二时就有一首诗在省里获奖。当时获奖的都是作家协会的人，我是唯一的学生。

那样的好事情落到我头上，结果却变成了坏事，影响了我的学业，也导致我后面几年高考屡试不中，因为我总是忍不住去看文学书。

最后一年是痛下决心，告别了文学，才考上的。

考上以后，我过上了和别人不一样的生活，他们喝酒、谈恋爱、跳舞，我的大学生活就是读书写作，然后去旅游、骑车、户外健身，就这么几件简单的事情。最主要的还看了大量的书，我是很认真的。

目前澍德堂是“库村书院”的所在地

因为有面包吃，有牛奶喝，对我来讲已经跟共产主义社会一样了。

## 大学毕业后，在泰顺中学教书

我没毕业之前，招生就业这一块就已经有人告诉我，你们都要回泰顺教书的，我说我本来就想回去。

因为我从小就看到我父亲在艰苦生活里的诗意，那正是我梦想的家园，那种场景在童年的记忆里一直带到我后来的大学生活。

我们苦苦追求的是什么？难道不是追求美好？小时候我已经体验过了，现在我要再去创造出这样一个场景。当然后来的现实不是那么一回事，但是我当时是这样想的。

幽静的澍德堂后堂

毕业后，我作为优秀毕业生分配在泰顺中学教语文。第二年担任团委副书记，文学社指导老师，工作也挺忙。

两年之后我就开始办高复班。因为我自己大学考了四次，我觉得考不上大学的人是很痛苦的，他们会有没路可走的感觉。

高复班办了三届。后来，我就离开泰顺了。你问为什么离开，我就说四个字：为了生活。

你成家立业了，作为一个男人，你不能养家糊口，或者说比较艰难，这样甚至就会影响到你内心的世界。

实际上我是一个非常清醒非常现实的人。我大学毕业的时候，有个知心朋友给我留言，说我思想是浪漫主义的，脚步是现实主义的。我后来想了一下，可能这是所有人的共性。

那个时候出来可以办停薪留职，我就办了手续，去乐清办私立学校了。后来又去了杭州的育英教育集团，我在北京也待过，也去过云南支教。

## 2013 年，回到库村，开始读书写作

2013 年 8 月 15 日，我回到库村。

因为我父亲是 8 月 15 日去世的，每年的这天，不管我在哪里，我都会回来。

就是那一年，我决定了回库村生活。

回库村的原因，我讲三件事情你就全部明白了。第一，2013 年 8 月 1 日，我写完了育英的一些文章，写完的那天，我还记得雷雨大作。我的任务完成了。

第二，我母亲在杭州，她不适应那种生活，我也不适应，小雨（包登峰老师的妻子）也不适应。杭州空气不好，噪声严重。

第三，我一直都想实现我的家园梦，我找来找去觉得还是库村适合，因为它本来就是我的家。

所以我就回到库村。

先一个人回来修房子，修好了，我母亲和小雨也回来了。她们也觉得挺好。不就是一天天的生活？八年就这么过去了。

这八年里，我就两个字：写作。从内心来讲，写作为我提供了一条自我救赎的通道，它能够把我带到一个自我救赎的，能够看到光明的这样一个地方。

这些年我写了很多，就在这里写。已经完成并出版的书有《库村笔记》。

人生真是太好了，可以写作，劳动也就是轻微的劳动。

我回到库村，刚开始养牛，现在养羊。我童年时觉得养羊很浪漫，事实上养羊是很残酷的，并不是想象的那样。实际上当你真正从事农耕，不是假的那种从事，真的从事三年，你就明白了。没有这个时间的沉淀和体验，对你的生命是没用的。

甚至有害。

我养牛、养羊，为我的写作提供了大量的灵感，甚至我到目前还在思考怎么去面对这些细节。而如果没有回到家乡，不体验真正的生活，我个人认为写的东西也是不接地气的。

## 读书写作之余，定期举办四季论坛

我回来先是在村里生活，一次在和亲戚聊天的时候，我说想找一个地方读书，他们说好。

实际上我从学校出来以后，教育方面的想法就淡了，我更多的是想教育自己，给自己找到一个读书的地方，安静一点。

当时“澍德堂”这个老民居房子倒塌得厉害，还有一个老人家住在里面。我先是租了一间，后来慢慢把整座房子都租下来，房子也是一点点修，前后修了四次。到了2016年，房子基本上打理出来了，我就开设了库村书院。我们包氏祖先迁到库村后，历代都讲耕读传家，从中唐至今，文脉不断。

库村书院设立后，我开始举办论坛。通过预约的方式，邀请一些朋友或相关人士主讲或大家对谈。一年四期，至今已经办了24期。每一期的主题都不一样。

比如说有一期的主题是“库村的诗意生存”，请了我的同学，从包全公讲起，也涉及吴氏、夏氏，从他们的作品，从诗歌的角度去解读库村为什么具有诗意，证据在哪里。

乡愁也讲过。乡村如何振兴，如何传承也讲过。电影的也有，美术的也有，书法的也有，

澍德堂一角

文学的，历史的也有，还有一些关于文旅的。

2018年，我们历时七个月，完成了人文纪录片《库村风雅》的拍摄，办了库村电影节，那次安徽、福建、浙江、江苏四个省的电影家协会主席都来了，各地来了300多人。

还有一次是跟镇里合作，做了一次“耕读文化节”，我们的活动分散在很多点，像衣德堂、粮管所、吴宅戏台、清阴井、吴家祠堂……那次来了几千号人。

通过论坛，我也学了很多东西，因为每个人的角度不一样，他们讲的内容很多是我不知道的。

## 未来不一定留在库村，库村已经在心里

我回库村那年，快50岁了。对于年龄我没多去想的，我不大关心年龄，我现在真实的年龄我也搞不清楚，我是真的搞不清楚。

未来会不会继续留在库村？不一定。

我经常思考这个问题，因为人在这个天地间就像客人一样，你要问自己的本心。比如说有一天，当库村消失的时候，你怎么办？

如果库村消失了，我也很淡然。因为库村已经在我心里了。

我在库村生活了八年，库村已经在我心里了。从物理的层面来讲，这是我的家乡。从精神的层面来讲，哪里是我的家乡？

所以说生死观是人生当中最后你必须要面对要思考的，如果不思考，作为精神的人的层面你是没有达到的。

故乡也有生死，生老病死，现在是处在病的阶段了。故乡有病了，是谁让它有病？我也是其中一个。“是谁杀死了故乡”，过去这些话题都在讨论，我们可能是自己亲手杀死了故乡。可能你是不自觉的，你怀着美好的愿望，但是方法不对。为什么方法不对？谁有方法？我也不知道。在人类的发展过程中，村庄消失了太多了。

这些事情，我是一直有思考的。

我从小就思考这些，我从小就一直有漂泊流浪的感觉，所以我一直都在找，哪里能有个地方可以长期住在那里，安静地思考，写一些东西。

所以我回归到家乡，回归到文学，我往文学靠近，我也不想说将来有什么成就，但是对自己的心灵要有交代，因为我是学中文的，肯定要用文字来表达。

# 特殊的库村人　林晓君

# 写在前面

和浙南许多农村一样，库村是一个宗族聚居村落。有意思的是，自从包、吴两氏在此定居之后，彼此间虽然有过争执与不合，乃至为广度寺打过官司，但在固守村落地界这件事上，却相当默契。——传闻唐末即在附近莒江定居的夏家，其后人曾有意在库村古村落买房置产，最终无果。所以千余年来，库村村里虽娶入各姓女子，而男性村民，始终只有包、吴两姓。

20 世纪土改期间，政府将包宅衣德堂其中一榴房子分给一个陈姓贫苦农民，从此打破了包、吴两姓共居村落的历史。此后随着公社时代的到来，库村古村落里有了供销社和粮管所，这两个单位的“进驻”，为库村带来了外乡人和外姓人，他们在库村工作，也在库村生活。

之后，随着供销社和粮管所实际功能的消失，他们也陆续离开库村，本篇口述人林晓君和她的父母，留了下来。他们在库村古村落外的镇上建了房子定居，成年后在温州工作的林晓君频繁回乡。

她说自己是库村的一分子。

每次她回库村，村人跟她打招呼，也是：“你回来啦！”

访谈对象：林晓君

访谈时间：2022 年 5 月 3 日

访谈地点：南浦溪镇库村

林晓君，生于 1982 年，4 岁时随工作调动的父亲来到库村，在父亲工作的粮管所长大，此后相继在县城罗阳及温州念书，毕业后在温州从事教育工作。她爱库村，自认为是库村的一分子。

## 4 岁时，跟着父亲工作调动来到库村

我本名是林晓君，我是跟我奶奶姓，我爸妈都姓蔡。

我其实不是真正的库村人，我是在 4 岁的时候，跟着我爸工作调动到这里的。

我爸 1986 年从筱村葛阳调到这里。我印象很深刻，在粮管所过年的大年初一那天，我爸跟我说以后谁问你几岁，你就说 5 岁了。他跟我说的时候的手势动作，我现在都记得很清楚。

那时候粮管所还属于红火的单位，因为那时还没有市场经济，米、油那些都要凭票去粮管所购买的。

我们过来之后，就住在粮管所。那时候住在粮管所的职工应该有五六户，我记得有几个叔叔是单身的。粮管所大仓库边上不是有一个小单间吗？楼上就住了一个单身的叔叔。我就很羡慕他，觉得他一个人好清净。从他

童年时的林晓君和她的阿太在粮管所住处的楼下。（林晓君提供）

的窗户可以看到外面下雨。

我们一家住在木楼梯边上的那个房间，就是现在的非遗小屋楼上。那时楼上做宿舍，楼下卖油，卖各种东西，还有办公。

后面是食堂，每家有个小厨房，我印象中很热闹的，有好几个小朋友。

我妈是职工家属，没有工作，她就自己学裁缝。我记得她是在库村学的，她师傅的店就开在这栋楼，就是这房子的另外那一头。

我妈学做裁缝学了半年，她师傅就离开库村了，那时候不是很多人去深圳那里做服装吗？她也去了。我妈就把她的店接过来，自己开。

晚上头我妈在店里做衣服，我爸就来陪她。裁缝店里有一个筐，里面放些小碎布，我晚上想睡觉了，就躲在筐里睡觉。那些碎布被我睡成一个动物小窝的形状，我现在都记得，因为很暖很舒服。我妈衣服做完了，我爸就把我从那里捞出来背回粮管所，走小巷进去。我在他肩膀上，迷迷糊糊的，都有印象。我许多对库村最初的记忆都是在那条路上走来走去。

后来，1992 年，我们在古村外镇上老车站那里盖了房子，等于说真正安家在这里了。房子是砖混房，我爸说是从 3000 块钱开始建房子的。我记得 3000 块里面还有 500 块钱是另外一个单位的叔叔借给我爸的，所以有时候我去他家，都会跟他说一声，我说我爸说房子有你的支持才能盖得起来。

## 在粮管所种了很多花木

建了新房后，我们就从粮管所搬出去住了。后来不是粮管所都解散了吗？慢慢地人减少了，到最后就剩下我爸一个人，留守在单位。

单位就发给他 200 块左右工资。260 块还是 230 块，反正比别人低很多，意思就说你不用天天来上班，但是万一有什么事，或者里面设备有不好的，要跟上面报告，等于说当联络员的那种。就是要把单位的那些财产看住。

我爸现在是六十几，那时候他应该 40 多岁。他对粮管所的感情比我更深。他只要在库村，每天会去一趟粮管所。我爸还在后院菜园养了几只鸡。因为他每天来，养几只鸡，刚好可以照顾得上。

这样的状态应该有十几年，一九九几年到二〇一几年，就是在那段时间，我和我爸在粮管所里种了很多花草。

布满爬山虎的粮管所库房石头外墙

你看门口进来那棵紫藤，大概是2013年左右从网上买来的。刚好隔壁养鸡养鸭，可能肥水流到那个地方，所以它长得特别快，两三下就爬很高了。现在它的根已经很粗了。

桑树也是在网上买来的，本来是想让它结桑葚的，现在长的都是树叶，没有果实。树枝被我爸砍了好几次。现在也很高大了。

还有非遗小屋前面那棵石榴树，本来是种在我家阳台，但是阳台的盆很小，石榴的叶子都黄了，像没有营养的样子，我爸说也把它移到粮管所吧。那里本来是水泥地，但是久了地面有点破了，下面都是土，我爸就挖了个坑种在那里。你看现在也长得挺好的，虽然它不结果，但是花是很好看的，重瓣花。

2015年，我去拜访一个朋友，看他的工作室长满爬山虎，我就觉得很震撼很漂亮，我想爬山虎应该不会破坏我们粮库的石头外墙，就从我工作的学校剪了两段，插在墙角，我爸给它们弄了点肥料。它们一点点长大，每年我跟女儿乐妞来打卡，我都给她拍一张照。有一年回来，发现整个墙都布满了。

到现在已经六七年了。

后院以前有很多雷竹。也是我爸去挖了一点竹子种在那里，后来就繁殖了很多。我们清明或者端午回来，都去挖竹笋。

苦楝树不是我们种的，应该是后山那里的苦楝树种子被鸟带过来的。我印象中原来就是一小棵，大家都没有管它，就自己长大了。

那时候我已经不住在库村了。但是经常会回来。

## 在古村里租了一座带院子的老房子

小时候，我在澍德堂那里上过学前班，小学是在现在的包氏祠堂上课，翁老师是我们的班主任，以前她家前面还有两块大石头，我们都很喜欢翁老师，每天早上大家就坐在那里等她，然后一起去学校。

初中一年级也是在这里读，后来去了罗阳。在罗阳的时候是住校了，那时候从库村到罗阳，车很少，而且路很差，要一个半到两个小时，交通很不方便。那时候我爸如果来县城开会，或者偶尔有什么事来都会顺便来看一下我。之后我就去温州读书，工作。

在真正离开泰顺之后，我对库村的感情反而越来越浓。在温州工作时，回库村的次数比我那些在罗阳的同学都多。

那时候自己没车，我就搭中巴车回来，后来自己有了车，回来的就更频繁了。

那时候要是走文成珊溪那条老路，到家要三个半小时，虽然路远，我都是想回就立马开车回来。

库村人家茶室空间一角

租房子是我生了小孩之后。我自己从小在粮管所大院里生活，我老公也在大院里长大，我们回忆起小时候都很开心，所以我想我们现在的房子都没有院子，而库村的老院子那么多，很多房子都空着。不知道能不能租一个。就去问村里一个屋主人。他说可以，反正空着也是空着。我们就把它租下来，简简单单地布置一下。

〔注〕林晓君在库村租的第一座老房子，村人称之为“山根厝”，是一栋二层五榴夯土外墙木结构民居，院落宽阔。

主要是为了有一个舒服的院子。

我应该是2016年夏天租的院子，乐妞是2011年出生，跟我小时候在大院的年纪差不多，就五六岁。所以她现在对库村的记忆也是很开心的，回外婆家就去库村，在院子里也感觉像自己家一样，刚开始还都觉得那个是她的家。

我把老房子里的灶台改了一下，因为我朋友挺多的，带到家里，父母要烧一桌菜，也很辛苦，朋友又觉得很过意不去。我想不如弄一个老灶台，大家自己动手，烧个菜弄个拉面，库村的拉面不是大家都很喜欢吗？

节假日朋友来了，大家就自助，摆在院子里吃，或者吃火锅，很热闹。最多的时候我们都接待过二三十个人。

我在院子里先是种了爬山虎，但因为房子是泥墙，泥墙上面又是瓦，不太适合，又把它清理掉了。

还种了一株蔷薇，前段时间花爆开，挂在墙头，我在朋友圈看到很多人都拍照打卡。我在想，我也算是为库村的美化做了一点贡献了。

还种了木芙蓉、桃树。还有花椒，我们前面房子的院子里有一棵花椒，不知道哪天，我们这里也长出一棵，那时候花椒很小，我说等它长大了，哪天我们烧菜缺少佐料，就可以去摘。这次回来，花椒已经很大了。

我在院子里摆了几张玻璃桌，很简单的那种，平时也不用收进来，就放那里。我们不在的时候，大家来就可以坐。

院子平常都是开着的，因为门楼没有门，游客可以随意参观。昨天有温州的朋友还在说，以前来过这个院子，还拍过照。我一看，他们 2017 年拍的照片，真的有一张是坐在院子里拍的。

## 母亲开始做手工艺品

因为老房子没住人，房东就会养鸡鸭什么的，我租过来的时候，味道很重。刚好我姑姑在百丈，她说那边有个茶厂，很多茶叶没人要，我就开车去拉了两大袋，撒在地上，把门关上。一段时间之后再把这茶叶扫掉，里面就有清香味了。

茶叶可以吸收异味。

当时我就有一个想法，能不能用茶叶做点产品开发。那种清明后的茶叶，我们泰顺人几乎都不要了，其实很可惜，那么嫩，那么长，又很好采摘。我就怂恿我妈做茶叶枕，后来茶叶枕还成了温州的一个特色旅游伴手礼，一个工艺品。

这种茶叶枕可能是我们家最早做的。

刚开始只是做了些送给朋友，他们反映都不错，我妈才开始真的做。最早的一个客人也是我们泰顺的，我叫他林大哥，他定了 2 万多块钱的茶叶枕。那时候做给他的茶叶枕连防潮布都没有，就是一层布，用久了，茶叶会碎，粉都掉出来。在这里要跟他说声对不起，因为那时候还不专业。

后来我去淘宝买了防潮布，慢慢改善才做得比较好。后面也有做了几单几万块钱的，是温州的客人。

慢慢地我妈也对自己有点信心了。

我妈有一点很有意思的，再忙她都要用那种脚踏的缝纫机来做。电动的机器用不来，她是真的用脚踩出来的。

包也都是手工针缝的。农村不是有那种蓝夹缬吗？我们也有预感，觉得这种东西以后会越来越少，所以就去收了一些过来，做成布袋包，还得过省里一个文创比赛的二等奖。

我们用蓝夹缬做成茶叶枕或者围裙、茶席，也是蛮受欢迎的。

我妈也做小孩的花布衣服。虽然后来不再对外做衣服了，但偶尔我们的衣服要改，或者我们夏天穿的那种简单的睡衣，她都要自己做。

我有一天提议剪些花布来做，跟古村落不是很配吗？乐妞就穿着我妈给她做的花衣服，我拍照发到朋友圈，刚好有个朋友是水乡网的，他看了我在朋友圈发的照片之后，就说要来库村，从湖州驱车到库村，住在我们家。他把乐妞带去拍照，其中之一就是现在村口宣传牌上的那张照片。

他把照片发到微博上，结果陕西省博物馆又把他拍的那张照片发在官网上，所以那张照片的浏览量很大。很多人都不知道，以为是南浔或者哪里的古镇，其实这张照片出自库村。

那时候库村慢慢地就有一点外面的客人来玩，来走走。我们就放一些东西出来展示，不然空荡荡的。

那时候其实没有想要开店或者怎么样，纯粹就是要摆着热闹的那种感觉。

## 母亲开了库村古村落第一家手工艺品店

后来，买我妈制作的手工艺品的人越来越多，我就想我们是不是可以开一家店。

我们最早的店是开在泗溪北涧桥的桥边，后来库村高速公路通了，我妈就说要不我们在库村也开一家。

现在“库村人家 · 手工工坊”这个房子当时是租给一个做豆腐的老伯的，因为做豆腐要用水，房东怕木头潮湿了不好，说要拿回去。他刚好跟我爸认识，那天聊起来，我说要不租给我，我们是没有用什么水的。他说可以。因为能时时敞开通风，对老房子来说也挺好的。

我就把它租了下来，应该是 2020 年暑假期间。那边（指山根厝）虽然还没到期，但是高速已经开始建了，我觉得也是个挺好的机会。刚好这个位置我也是很中意，在路口。

2021 年正月初一，卿仑（晓君的初中同学，泰顺人）打电话给我，我还没起床，他说我已经在你门口了，我说你这么早来干吗？他说就是来逛逛。我说我们农村初一是不开门的。他说你要过来，我要喝杯茶。

结果我去了，店门一开，很多游客进来，就关不起来了。

它是老房子，地面一半是水泥，一半是木头，我是那种安全意识特别重的人，很怕楼板会塌了，我就把他们拦住，我说你们陆续进来看一下。反正我那天早上饭也没吃，就专门在那里拦游客。

那时候库村都没有店，我们是第一家。

林晓君的女儿乐妞童年时（林晓君提供）

林晓君收藏的熨斗之一

手工工坊楼下的茶室也是跟楼上一起租过来的。楼下也不是说为了开茶室，就是有时候一些游客问有没有开水，我们肯定都要满足他。自己有朋友来，也可以坐一下。

有个氛围。

也没有每天开，但是周末一般都会开，因为平常游客不多，但是周末总有一些。我是跟我妈说不要以赚钱为目的，以开心为目的。因为经济压力也没那么大，我妈自己买了保险，我爸退休，也有退休金。我就说你开心就好，你想开就开，想接待谁就接待谁。

像民宿一样，我们家只有5个房间，我说你如果觉得自己累了，有客人问，你就说今天客满了，不接待了。

我们的民宿是2013年左右开的，我们家这么多房间空着，我就想花点钱把它改成可以住宿的地方，当时我就说不叫旅馆，要叫民宿。

我记得2008年去云南，云南丽江给我们的感觉就是很舒服。

我们虽然没有院子，没有小桥流水，但是住的地方舒适、干净。每个房间配有卫生间，电视，空调。

原来的旅游局局长说我这个想法挺好的。主要也是我爸妈很支持我，不管我有什么想法，他们都很支持。

第一波来的是上海的一批摄影师。还有一个集团的老总，他带了一群朋友来，问我的第一句话就是你们都有煤气灶了？我说我们都已经用上WiFi了。这是我们两个第一次的对话。他觉得我们这么偏僻的农村应该没那么好的条件。

我们是南浦溪镇第一家民宿，应该也是泰顺县的前几家，那时候好像还没有正式的民宿，我们接待的基本都是微博上的朋友。

现在越开越多了，听说现在南浦溪镇就有30多家了。现在我们的条件就不是最好的了。

## 我不客气地当自己是库村人

后来粮管所被政府重新修缮利用，改建成了清廉文化基地。当时镇上的王书记说，你们对这里有感情，边上这个空间就给你们做工作室。我们都很高兴，就去布置了一下。

工作室设立起来后，村里有什么手工活动，就在这里举行。

里面有很多老熨斗，都是我收藏的。我不敢说温州市，可能在泰顺县熨斗是我们家最多。

我小时候经常看到我妈在用熨斗，还是用炭火加热的，所以我就对熨斗、剪刀这些有一种亲切感。

在温州读书的时候，妙果寺边上有卖旧物的市场，有一次我去玩，看到一个勺子一样的东西。我觉得很奇怪，问老板这个是什么东西。

他说是熨斗。他说熨斗我就有兴趣了，我就问他多少钱，大概是35块钱。我就把它买下来了。

那应该是二十几年前，是我买的第一个熨斗。后来我就关注旧物，会特意搜寻关于熨斗的东西，看到一些样式别致的，比如说专门烫丝绸的，是用陶瓷做的。各式各样的熨斗，价格合适的就买过来，价格太高了我也出不起。

慢慢地数量和品种就多起来了。

现在应该有四十几个，有三角形的，有勺子形的；有烧炭的，有灌热水的…… 其中有一个最重，七斤多，我都觉得纳闷裁缝为什么要备这么重的熨斗？

很精致的藏品没有，但是它代表很长一段时间熨斗的历史。我收藏，也不是为了展示，只是自己喜欢，有一种情结。

就像我们对库村的感情。

我妈说，农村有句话：一把米扔去都没有一粒粘住。无亲无故的意思。的确，我们跟库村实质性的关系一点都没有，村里没有我们的房子，没有我们的田，没有我们的地，什么都没有。

但是，有情感上的关系。我们家三个人对库村在情感上都是比较浓的关系。我不客气地当自己是库村人。别人问我是哪里人，我都说我是库村的。

昨天我跟一群朋友在村里走，村里人就会打招呼，“你回来了”。我朋友说怎么全村人你都熟，我说因为他们是看着我长大的。

我觉得库村的包容性也很好，毕竟包、吴两家隔得这么近，没有一族独大的那种感觉。

# 日常与技艺

# 日常与技艺　榨油

# 写在前面

人类作为有机体之一，虽在精神上追求无上境界，却始终摆脱不了有机体的“苦恼”与“限制”，与所有有机体一样，人类得喂养自己以保证肉身的活力与精力，还要制衣筑屋保护肉身免遭自然界风雨的侵袭，好的是，按马克思主义哲学，人类与别的有机体（动物）不同，人类能制造和使用工具进行劳动，而且人类具有意识和能动性，具有观察事物、分辨事物、分析事物的能力。

凡此种种，使得人类在时间的长河中，于不断的劳作中一点点积累经验，从而拥有了别的有机体无法比拟的制造力和创造力，有着悠久农耕历史和手作技艺历史的我国，先民们的智慧更是体现在方方面面。

遗憾的是，与别的国家一样，随着工业文明的兴起与发展，我国传统技艺在20世纪开始呈现出被冷落、被遗弃的态势，只有在农村，还可以看到一些相关的老工具、老器物，还可以寻访到一些依然从事手工技艺的老人，或者现在不再从事手工技艺，但依然拥有鲜活记忆的老人。

库村便是这样一个古村落，吴宅老宅里依然保留着当年村人用过的纺织用具；食德堂的包发育曾以弹棉花为生；恒德堂的包燕月，至今依然沿用传统手法做九层糕和粽子；被列入“泰顺县第三次全国普查不可移动文物”的包宅后山泥墙屋外，天气晴好的日子，依然晾晒着棕红色的酒釉。

与此同时，库村与其他农村一样，在时代的洪流中，无法真正做到“遗世而独立”，事实上这既不可能也无必要，因为人类自身无法与时代脱节，如库村公社时代社办企业榨油厂，就已经不是传统的手工榨取法，而是采用手工与自动化结合的方式，大大提高了效率。这是时代发展的必然。

也或许，这是我们今人所应持有的态度：尊重并尽力保存传统的手作技艺与智慧，与此同时，客观看待它的式微与消逝。

访谈对象：包长彩

访谈时间：2022 年 7 月 2 日、7 月 7 日

访谈地点：南浦溪镇库村

包长彩，库村人，生于 1951 年，为库村社办企业农机厂第一代工人，后成为领导，在库村创办了榨油厂、碾米厂等。包长彩经历丰富，先后担任筱村法庭调解员、泰顺自动闭门器厂厂长，也曾与人合伙做过冰香菇出口，现年 70 余岁，仍被南浦溪镇政府聘为调解员，积极参与民事纠纷的调解工作。

本口述只截取包长彩的经历及与榨油厂相关部分，其余与主题无关的内容，保留在原始资料中。

## 是社办企业农机厂第一代工人

我是库村当地人，包宅的包长彩，我今年 72 岁了。我是在武德堂出生的，我出生的时候，我爷爷还在。我阿太（曾祖父）都在的，他是一九六几年饿肚皮的时候饿死的，那个时候没吃的，真的是一点东西都没得吃，饿死了。

我爷爷两个兄弟。给国民党抓了壮丁，去了就没回来了。我爷爷就生我父亲一个，我父亲就生我一个。

〔注〕按《库村包氏宗谱》，包长彩的曾祖父圣博，字克广，生于光绪壬子（年份有误，按光绪壬子为 1912 年），生子三：载惜，生于光绪癸卯（1903）；载宽，生于宣统庚戌（1910），抗战阵亡；载容，生于民国戊午（1918），抗战阵亡。载惜即包长彩的祖父，生子一，国印，即包长彩的父亲，生于 1927 年。

我父亲是种田的，没文化，没读过半天书。

我父亲大腿都这么粗，力气很大的，两三百斤都能挑。我们是第三生产队，那时他是生产队长，我们生产队的农田都是我父亲和包长族的父亲他们两个犁的（指用耕牛犁田）。他很会做（勤劳之意），早上三四点我们都还在睡觉，他就到山上把自留地的活都干掉。接下去再去干生产队的活。

〔注〕包长族与包长彩的五世祖为同一个人，即天录公。包长族的四世祖为天录公三子，住在恒德堂；包长彩的四世祖为天录公二子，住在武德堂。

我父亲他活到 88 岁。

我母亲也活到 88 岁。

光绪癸未年建，除戏台基本完好外，原来的横轩和宇台等皆废塌，现为近年所翻修

我读书读到1966年。初中没毕业，“文化大革命”来了，就停掉了，后来就跟老师做小木。是住在吴宅戏台附近的一个老师，吴玉海老师，我跟他学做小木，做了6年。1971年的时候，公社要办农机厂。公社书记就把我选进去做第一代工人，学习机械技术。

我们那一批人不多，十几个，都是年轻人，先学做机器，然后就开始在那边做机器，电焊机、按钮……电器产品也做。

我们的场地就是在吴宅古戏台那里，操作在中堂靠墙那边。办公室在戏台上，戏台底下做仓库。

当时还有红糀加工厂也在那里，他们在中堂做。

我当了两三年工人，后来莒江那边的社办企业把我聘请过去了，我在那里为山东胜利油田设计了一个活动标签，价格是2分5一张。大庆油田的人去胜利油田参观后，联系上了我，叫我设计得再好一点，我就把调整数字的那个部件改成铜的铆钉来固定，原来是用线缝的，改进了一下，那就变成5分钱一张了。后来大庆油田要，牡丹江油田也要。莒江的工厂规模就发展到了100多个女工，我也当了领导。

后来库村这边的公社知道我是这里人，就派书记带两个干部去莒江公社交涉，把我拉回来。那个书记现在还健在，是个女书记，叫夏李。

我回到库村，就把那个技术也带回来了，莒江那边就停掉了。

我回到库村，也当领导，发展了八十几个工人，做各种电器。

那时候我们还有一个碾米厂。桥头那里原来有个小水电站，我们利用水力发电碾米，一九八几年的时候造公路，把水电站拆掉了。碾米厂也就关掉了。

## 另盖房子，分别做了酒糟作坊和榨油厂

1976年，我们在包宅后山的菜地盖了座泥墙房，把原来在吴宅古戏台的红糟加工作坊搬过来，不久，我们又在旁边盖了榨油厂。

库村粮管所。现为清廉文化基地

当年我们的主管单位是县企业局，我们经常开会。有一次开会的时候，我听说泰顺县要引进两台榨油机，我就争取过来一台。龟伏那边一台，这里一台。

榨油机是新式的，用电的。

老式的榨油机是木头做的，石头挂上去压的那种，村里也有，在村口瀑布那里。那是靠水力的。

那个历史很早，新中国成立前就有了，是私人办的，他家好几代都做榨油。他们住的房子也盖在那里，那时附近没什么房子。

一九八几年的时候发洪水，机器被冲掉了，他就没再做了。

我们这个机器是全自动的。效率比较高。

我们专门做山茶籽榨油，粮管所负责收购山茶籽。茶籽树都是自然生长，不是人工种植的。每年 10 月份霜降之后，农户就可以上山采茶籽了，要把它脱皮晒干才送到粮站。

粮管所收购过来，我们就可以加工了。我们一直可以加工到第二年的五六月份，原料用完了就不做了。

那时候，我们一天可以加工 2000 多斤茶籽。2000 多斤茶籽可以榨 400 来斤的油。

〔注〕据史料记载，我国是全世界最早种植和利用油茶的国家。油茶籽所榨之油，不仅营养价值极高，还具有药用功效，明朝医药学家李时珍在《本草纲目》中提到茶油的食疗作用："茶籽，苦寒香毒，主治喘急咳嗽，去痰垢。"其他古籍中也多有记载，如《纲目拾遗》记载"茶油可润肠、清胃"。《随息居饮食谱》对茶油更是赞誉有加，"茶油烹调肴馔，日用皆宜，蒸熟食之，泽发生光，诸油惟此最为轻清，故诸病不忌。"

## 山茶籽榨油的流程

茶籽挑过来，先用机器把外壳脱掉。

然后就把果肉放锅里炒。

我们有两个铁的炒锅，很大，每个锅上都有一个电动机，那个电动机是可以自动翻炒的。一锅可以炒个 300 来斤。下面灶里烧木柴。

头一锅得炒一个多小时，后面的就快一点了。因为锅已经热了。

炒果肉，好像我们炒花生一样，不能炒太焦，太焦就没有油了嘛。炒个七八成熟，就可以榨油。

要直接榨，不能等它冷下来，冷下来就不行了。炒锅有个闸门，箩筐就摆在旁边，炒好了，闸门打开，果肉就会自动从锅里落到箩筐里，我们再把它们倒到自动的榨油机里。

榨油机里有一条榨棍，它顶到里面去，转动，油就会出来。也是通过压力的原理，但不是

挂满果实的山茶树（图自网络）

山茶籽（图自网络）

脱皮后山茶籽（图自网络）

库村粮管所当年卖油用的设备

从上到下的压力。

所以茶籽油的渣是分散的，不是像传统工艺那样成饼的。

出油之后马上就要过滤。我们就是榨一道，不榨第二道。

榨油也是要讲技术的。技术不好，油就榨得不干净，所以加工也要把关。再一个，茶籽的本身质量也有高有低，有些日照好的山头出来的茶籽，100 斤能出油 22 斤，日照不好的就只能出油 20 斤。

一般 100 斤茶籽大概可以榨 20 到 22 斤油，油量高低有点起伏。

通往库村粮管所的巷道

茶油过滤了之后，我们马上就挑下来。挑到下面的粮管所去。

粮管所里面有个油库，那里有一个很大的铁桶，可以储存几千斤的油。刚开始，油桶是铁皮的，四方的，外面有木架支撑。后来工艺改进了，油桶是圆形的，钢板很厚，很牢固。铁桶的下方有个开关，一拉，油就从油桶里流出来。

那时候油都是凭票供应的，茶籽由粮管所收，油也由粮管所卖，我们只负责加工，收加工费。

茶籽压出来的渣也归粮管所，由粮管所来卖。它可以当肥料，可以用来洗头、洗衣服。以前的女人都是用茶渣泡水洗头的。那时候没有什么洗头水嘛。

茶渣就不用凭票买了，附近的村民也可以来买一点。

## 后来茶籽越来越少，就停产了

榨油厂一直开到一九八几年，因为原材料没有了，越来越少。

以前没有煤气，大家都上山砍灌木当柴火烧饭，现在没人上山了，灌木长得越来越多，越来越密，把山茶树都盖掉了，盖掉就不结茶籽了。

粮管所就收不到茶籽了。一天几百斤茶籽，我们是没办法榨的，锅炉烧起来要好多柴火，不合算。我们是自负盈亏，上面没有什么拨款的。

榨油厂后来就这样停掉了。

在榨油厂停掉之前，我就已经去筱村法庭了。当时筱村法庭人员不够，知道我有调解这方面的能力，会办案，就聘请我过去。

土地纠纷，离婚…… 这些案子，有上诉的，我们就要处理。能调解的调解掉。一次调解不掉，再调解一次，或者进行第三次调解。

我那时候是二十几岁。法庭工作其实是轻松的，一个月办三个案子很方便的。但是我觉得还是做技术比较好，所以后来县供销社聘请我去闭门器厂工作，我就去了，负责产品的开发设计等工作。在泰顺闭门器厂当厂长 6 年后，我调到温州闭门器厂，又待了 6 年。后来回来跟村里人合伙做冰香菇，销往日本。

也当过村主任，就这么到了现在。

现在是在镇上当调解员，也是民事纠纷这些事情。10 月份本来要退了，领导们想让我继续做下去。

我也当做好事吧。

# 日常与技艺　造粬

# 写在前面

酒，无疑是人类最得意的造品之一，它不仅可以驱寒、解乏、强身健体，更重要的是可以令人类在精神上到达飘飘欲仙的忘我境地，乃至东西方都发展出各自的“酒神”文化，历数千年而不衰。

至今泰顺农村仍有家家户户每年酿酒的习俗，这种用大米、红粬和山泉水酿造的酒，当地称为“红酒”。

红酒色泽亮红，醇香飘逸，品饮时大多加热至适口。除清饮之外，很多时候还会在热酒中加入鸡蛋液，使其凝结如絮，称为“蛋丝酒”。妇女“坐月子”时，烧煮食物时通常会以酒代水，以调养身体。另外，亦有在酒中加入紫苏、生姜等略加烫煮以作驱寒发散之用。而日常厨下烹饪，调味提香，红酒更是不可或缺之物。

又不知何时开始，泰顺人“发明”了用酒糟入菜的做法，从以少许作调味佐料，以腌制食物，到烹饪鱼、肉等，红艳艳的一盘上桌，挑动着食客的视觉和味觉。

酿酒，自然缺不了酒粬，最原始的酒粬是发芽或发霉的谷物，此后聪明的人类逐渐掌握了相关技术，通过人工的方式令谷物发生“霉变”，从而改变了被动地等待谷物发芽或发霉的状况，使得酒粬可以人为大量生产，从而保证了酒的产量和品质。

酒粬又分麦粬、谷粬多种，浙闽交界一带的酒粬属于谷粬，有很好听的名字：乌衣红粬。乌衣红粬是泰顺一带农村传统酿酒使用的酒粬。2009 年，泰顺的乌衣红粬被列入第四批浙江省非物质文化遗产。

访谈对象：吴立民

访谈时间：2022 年 7 月 2 日、7 月 7 日

访谈地点：南浦溪镇库村

吴立民，库村人，1971 年出生，为吴畦公第 39 世孙。20 世纪五六十年代，库村聘请了筱村一位吴姓制粬师傅来村里，彼时吴立民的父亲吴时孔二十几岁，跟着筱村这位师傅一起制粬，先后经历了集体经济制和个人承包制。

吴立民 18 岁开始跟着父亲学习制粬，此后虽一度离开库村，但数年后返乡，又回到酒粬作坊，从此专心制粬，至今已三十几年。吴立民一直坚持传统的手工制粬工艺。

## 父亲二十几岁开始做粬

我叫吴立民，是本村人。在吴宅戏台那边的老房子出生。我阿太（即曾祖父）生了七个孩子，我是第二个爷爷的后代。我爸爸也是在老房子出生的，他是第二个爷爷的第二个儿子。

〔注〕“吴宅戏台那边的老房子”指吴宅下厝。

我爸爸八九岁时，我爷爷就死了。听我爸爸讲是因为生病。

我有两个姐姐一个弟弟。我们兄弟姐妹四个都是在老房子里出生的，那时候老房子里住很多人，起码有二三十人。

那个年代吃的都是番薯丝放点米那样合起来煮，没有完全吃大米的。有时看到人家有那种饭焦（即锅巴），我们小孩就会站在人家门口那里看着，人家分一点，我们才肯走。其实当时大家也都差不多，都是没什么吃的。

我们家更穷，我妈早就过世了。那时候我弟 7 岁，我 9 岁，我二姐 13 岁，我大姐 17 岁。我们 4 个人都是我老爸一个人带大的。

我爸爸是做红粬的。我有一个伯父，他也姓吴，是筱村人，他会做红粬这个技术。

泰顺及周边地区用来酿造“红酒”的乌衣红粬

〔注〕相传最早是来自山阴（今绍兴）的吴畦公带来了家乡的酿造技艺，此后逐渐在泰顺境内流传、演变及发展。

制䊵技术由吴畦公从家乡带来，此传闻目前尚没有确凿的文字资料支持，不过，据文献记载，春秋战国时期绍兴地区酿酒业已很盛行。《吕氏春秋》载有越王勾践“投醪劳师”的故事，至今城内尚有“投醪河”遗址。到南北朝时，绍兴酒已成为贡品。梁元帝萧绎（508—554）在其所著《金楼子》一书中记载他幼年读书时，“有银瓯一枚，贮山阴甜酒”。至唐时，绍兴酒酿造技艺进入全面发展阶段，制䊵技术亦臻成熟，而吴畦又恰在彼时从绍兴迁居泰顺，在时间上有它的“凑巧”性。

古人好酒，“借酒浇愁”，“借酒抒怀”的故事比比皆是，一代枭雄曹操更是写下了“对酒当歌，人生几何！譬如朝露，去日苦多。慨当以慷，忧思难忘。何以解忧，惟有杜康”这千古传唱的诗句。

䊵窑中三种不同发酵程度的酒䊵

吴畦公虽位高不如曹操，但以他的所作所为，可见亦是心怀天下之人。心怀天下，却仕途不顺，离乡千里，内心估计也是“颇不宁静”的，夜深人静，酌酒一杯，以慰余生，也是今人可以理解的行为吧。

**我叫他伯父，其实我们没有亲戚关系，是因为他一直在库村和我爸一起做红䊵。我爸大概是二三十岁开始跟着我伯父做红䊵。他们是集体的，做的酒䊵由集体卖，收入也是归集体。筱村的伯父做老大，他说了算，工资是他发的。**

〔注〕按《库村吴氏宗谱》，吴立民的父亲吴时孔，小学文化程度，生于民国二十五年（1936）。吴时孔二三十岁时，正是公社时

代。吴立民所说筱村来的伯父，当时由政府出面聘请来担任制糀师傅。按这位师傅去年100岁，按农村虚岁计，他出生于1922年，比吴立民父亲大十几岁。

当时他们的红糀加工厂就在吴宅戏台那里。以前农村都是拿米换糀的，一般就是5斤米换一斗红糀，加一两块钱加工费。当时也发糀票，有控制的，不过农村里大家都是熟人，你想多买一点就多给你一点。或者你家做什么喜事也会多给一点。

〔注〕民间卖糀一般都用糀斗来计量，不称斤。一斤米做成的糀，体积和原来差不多，但重量却只有五六两，减少一半。

那时候是没有放开卖的，基本都是本地人买，所以他们也做不多，每天都是做两三百斤米。也没有一年到头做，清明做几个月，七月到十月做几个月。

这跟气温也有关系，五六月的时候天气太热，都是三十几度，糀也不好做。

〔注〕泰顺县内各地因为地理环境和海拔不同，彼此气温有几度之差，库村属于泰顺境内气温偏高的村落。

八月九月就不会热。做糀最好。

〔注〕吴立民所说八九月是农历，包括他前面所说五六月也指农历。

本地人买糀都是九月十月的时候。九月十月做酒，气温比较合适。

不做糀的时候，我爸就干农活，种菜什么的。我们也养猪，我们的猪吃泔水长大，每只都有三四百斤，那时候算特别好的了。

筱村的伯父，当时也住在我们村里，就在我们隔壁的五榴厝，吴立迥老师那座房子。伯父住在那里，是政府安排的。

他的脚以前被蛇咬伤，留下了后遗症，有点瘸的。他没有结过婚。平常就自己买菜做饭过日子。

我们小时候也经常去五榴厝那边玩。他跟吴立迥老师平常也不太来往，就是偶尔聊一下国际形势什么的。

大概85岁前后伯父才回到筱村去。他去年满100岁，去年去世了。

## 18岁开始跟父亲学做糀

伯父和我爸在吴宅戏台做酒糀的时候，我就经常过去玩。18岁时我开始跟着我爸学做酒糀。

那时候红粬加工厂已经从吴宅戏台搬到现在我们作坊的这个土房子里了。

那时候旁边还有一个榨油厂，后来榨油厂停掉了，就拆掉了两栋土房，平整成晒场来晒红粬。当初没有烘干机，都靠太阳晒干的。

我跟我爸学，他另外也有带其他徒弟的。我的工资就归到我爸那里，我自己是没拿钱的。

那时家里孩子多，生活困难，我爸也很节省，感觉他就没好好吃过一碗饭，有好东西煮起来都是省给我们吃，他自己不吃的。

他 56 岁就生病身体不好了。我记得很清楚，他 60 岁的时候，我带他去医院检查，医生说你这个不是病，是缺营养。医生说过了，他才肯吃一点补品。

后来，我爸一直做到身体做不了的时候，不再做粬了。他是 75 岁回去（即去世）的。虽然我伯父年纪比我爸大。做红粬，还是我爸比我伯父先退出的。

我在酒粬厂做了几年之后，我爸退出的时候，我也就退出来了，去了武汉。被人家骗去做传销，把我爸给我的 2 万块钱花完了，就回来了，专心在这里做红粬了。

后来伯父年纪大了，就做技术指导，一直到八十几岁他才回筱村。

十几年前，做酒粬的人就渐渐少了。现在，库村邻近一带等于就只有我一个人在干。

没人干跟有没有市场没关系，现在的销量其实是更多了。因为以前我们农村都是喝红米酒，现在也喝白酒，这些白酒也是用酿好的红米酒来蒸馏的（用这种工艺制作的“白酒”，本地称为烧酒或米烧）。而且现在大家生活条件好，喝酒的机会也多了，酒的消耗量也大了。

现在我的客户不仅有本地人，还有珊溪、平阳、瑞安那边……但是我的产量上不去，因为我们做酒粬，都是手工的，一天只能做几百斤米。机器做的一天起码可以做 2000 斤米，他们一斤就算赚 4 毛钱，每天也可以赚 800 元。

做粬这种活又脏又累，没人愿意做。我现在是有一个帮手和我一起做，他六十几岁了，是库村本地人，他对这个工艺也很熟悉，在我这边做很多年了。

他自己也有做酒（即酿酒）卖。现在做酒粬，做酒这些事情，感兴趣的都是年纪大的人，年轻人没有兴趣。像我自己的孩子，他没兴趣学，我也不会叫他学。他 10 斤米都拿不动，怎么学？首先体力就不过关。

我自己从 18 岁开始做粬，中间停了几年，后来回到库村就一直做粬，到现在也已经三十几年了。

每年从农历二月开始做到十月尾。我们农村习惯都是十月做酒的，做好了他们也就不需要粬了。然后转年清明又开始做酒。杨梅出来的时候，也有人做酒。桃花开了，有人就做“桃花酒”。

蒸熟后的米饭摊凉中

饭粒正在拌入糟娘和生头两种釉种

饭粒拌入糟娘和生头后入釉窑“养花”

经过养花工序后等待过水时饭粒的状态

图中乌黑发亮的就是即将出窑的酒釉

日光晒釉

做糊的日子，我是每天早上五六点就得去了，中午到 12 点或者 1 点才回家。帮手和我是有分工的，我做我的事，他做他的事，如果他动作快一点，就早点完工，他慢点就迟点完工。一般下午差不多三四点就可以完工。晚上不必去。

但是只要有在做糊，就每天都得去，因为从大米变成酒糊是一个需要好多天的流程，每天都有不同的工序在走。

〔注〕乌衣红糊的制作流程分八道工序：浸米、蒸煮、摊匀、接种、养花、过水、站窖、烘晒。这八道工序师傅们每天都要过一遍，由米变成糊，需要经过六天的时间。

## 做糊的工艺流程

我们用来做糊的大米一般都是单季杂交水稻的米，米质硬、颗粒大，陈年的相对来说比较好，蒸好了的饭粒硬度也比较理想，不容易粘连在一起。

蒸饭前要先浸米，就是把大米泡在清水里，泡几个小时，一般三四个小时，然后捞起来，把水沥干，装到饭甑里，蒸饭的饭甑一次差不多放 50 斤米左右。放在灶台上的大锅里面，隔水蒸煮，现在我们还是都用土灶，用木材烧，这样火力比较猛。

米饭要蒸到八成熟左右，不能蒸得太过，太熟了就太软了，太黏，水分也多，后面的工序就不容易操作。

蒸熟了米饭之后，我们把它倒出来，摊开放凉，如果天气热，我们就用电风扇给它降温，尽快把温度降下来。

晒干后的乌衣红糊成品

装糊用的大斗。零售酒糊时，另有多种规格的小号糊斗

等米饭的温度降到差不多三十七八度，按比例加进去红粬霉和黑粬霉，搅拌均匀，让饭粒均匀地粘到粬种。

粬种我们一般都是买来的，去筱村或者是别的地方买，因为自己做比较麻烦。有专门做粬种的，他们有经验，比较靠谱。

粬种有两种，一种黑的，一种红的。红的就是“糟娘”，黑的叫作“生头”，它们是不同的用途，必须要两种一起用。

〔注〕浙闽交界的泰顺等地做的酒粬俗称“红粬”。但这红粬却不是单纯的红色，而是色带乌黑，它其实是在两种曲霉的作用下发酵完成：糟娘和生头。“糟娘”就是红曲霉，负责酒的色泽；“生头”即黑曲霉，决定酒的香醇度，二者缺一不可。

米饭拌粬种进去，我们叫作“接种”。接种完了，饭粒变成淡淡的粉红色，就装到箩筐里面，上面把布盖上，放到粬窑里，进入“养花”环节。

大概要过 20 多个小时之后，养花完毕的饭粒颜色就变深并夹杂着淡黄色。这时就要把箩筐里的米饭倒到地上去，然后再把它搅拌翻匀，摊开来。让它接触空气，并且使它降温到适合继续发酵的温度。

然后红曲霉这个粬种就开始慢慢长菌丝出来，饭粒表面的颜色也开始起变化，淡红的颜色开始慢慢变深。

这时候我们就要进行“过水”。我们要把它们装到箩筐里面，整个放在水里摇晃几下，然后拿出来，等水沥干再倒到粬窑里摊开，继续发酵。这是第一次过水。

〔注〕把正在发酵的酒粬运到外面过水，目的是为这些酒粬补充水分，保证湿度，否则它们会因为过于干燥而停止发酵。

24 小时之后，饭粒就由比较浅的红色，变成更深的红色。

这时候我们再拿出来，重复第一次过水的程序，这是第二次过水。完了之后，我们再把它倒回到粬窑里，摊开，再发酵。

接下来饭粒表面黑曲霉这个粬种就开始长出菌丝来了，从灰白色再慢慢变黑。

〔注〕这个现象，就是行业里所说的“红地起乌衣”。所以这种酒粬也叫“乌衣红粬”。

这个时候就不能再翻动地上的饭粒了。

再过 24 小时之后，发酵完成，米最终变成了粬。

发酵完成的酒粬，我们还要把它们搬到室外去晒干，天气不好或下雨天，我们就在室内用热风烘干。

基本上做粬就是这样一个过程。

# 日常与技艺　制茶

# 写在前面

我国的茶历史，比酒的历史更悠久，唐代陆羽所著《茶经》即有“茶之为饮，发乎神农氏”的说法。

陆羽被茶人奉为“茶圣”“茶仙”“茶神”，他所著《茶经》，为世界上第一本关于茶的专著。据史料记载，《茶经》初稿约成于代宗永泰元年（765），定稿于德宗建中元年（780）。彼时饮茶之风已经从“上流雅士”扩散到民间，举凡王公朝士、三教九流、士农工商，无不饮茶。

乃至被列入日常生活所必需的七样东西，俗称：开门七件事，柴米油盐酱醋茶。

泰顺产茶历史悠久。明崇祯六年（1633），《泰顺县志》记载：“茶，近山多有，惟六都泗溪、三都南窍独佳。”明清时期，泰顺“黄汤”“白毫银针”等茶叶畅销天津、上海、营口等地，并远销马来西亚等东南亚各国。清代，泰顺“黄汤”“白毫银针”被列为贡茶，嘉庆十五年作为主要名茶，载入《中国名茶志》。

不过“黄汤”也好，“白毫银针”也好，与老百姓的关系都不大。老百姓喝不上这么好的茶，老百姓所喝之茶，以前都是山上野茶树上的嫩叶，在自己的老灶锅上翻炒加工，作为日常解渴之用。新中国成立后泰顺大力发展“机耕茶”，有了集体茶园，有心的农民也开始在自家的自留地边上种几棵，这些种植的茶叶，炒得好，就送去收购换钱，炒得差一点，就留给自己喝。

后来泰顺机耕茶渐渐被乌牛早所替代，原来的茶园因为无人采摘管理，渐渐荒芜，只有年纪大的老人，还照例每年清明时节去山上采一些，用传统方式炒几斤，喝上一年。

访谈对象：吴振橙

访谈时间：2022 年 4 月 2 日、4 月 4 日

访谈地点：南浦溪镇库村

吴振橙，库村人，1971 年出生，为吴畦公第 37 世孙。吴振橙出生时，库村既有集体茶园，也有茶厂，当地人称所种茶为“机耕茶”。集体时代结束后，吴振橙的大哥成为村里第一个承包茶厂之人，20 世纪 90 年代，吴振橙亦从事种茶、制茶，至今已 30 多年。吴振橙在种植乌牛早之外，坚持种植机耕茶，并亲自管理、加工。

## 我出生那时就有集体茶园

我是吴振橙，从我们吴家祖先吴畦公开始到我这一代是第37代。在村里，我的辈分算是比较高的。我们是从白牛坑那边搬过来的。我的祖先先从库村迁到白牛坑，后来其中一支又迁回库村。至于具体哪一代迁出去，哪一代又迁回来，我就不清楚了。

我们现在这老房子，是我爷爷那辈盖的。我爷爷有五个兄弟，有两个可能历史原因出去，出去就没回来了，其中三个留在库村。最早的时候他们盖了后面那间土墙房子，后来盖了这三榴。这房子的建筑年代可能有100来年了。我们库村吴氏的门楼一般都是朝东，我们这房子朝西，可能跟地形有关，因为我们的房子后面是山坡，依山而建。

我是在这老房子里出生的。我出生的时候我爷爷已经不在了。我奶奶我是见过的。当时三个爷爷的后人，就是我父亲的那些兄弟，堂兄弟，他们都住在这里。后来陆续在外面的镇上盖了房子，就迁出去了。

我是1971年出生，我有两个姐姐、两个哥哥，都是在这里出生的。

我父亲三兄弟。他是老大。他当初在村里是做会计的，做了30多年的会计，还负责称茶青。

我们这里的茶叶都是毛泽东时代种的。我们叫“机耕茶”。我听老辈说，因为那时候大力发展茶叶，就把这个茶叶品种引进来，包括整个泰顺大面积种茶都是从那时候开始的，以前很少种茶。

〔注〕“机耕”意即用机械耕作土地。“机耕茶”就是在未被利用的荒山坡地上用机械设备开垦平整出来成片的茶园里，大面积种植茶树。因为当时农村有限的水田山园必须用于种植水稻、番薯等粮食作物。

我出生时，我们就已经有集体的茶园了。基本都是在山上，像上面的大坪，原来也是老茶山。像我妈妈她们女的，一般都是去采茶。那时候外地人过来很少，因为我们这边的劳力都够，不要请外面的。我们很小的时候也去采过茶，听我妈说一斤茶青好像是几分钱，但是到我那个时候就有一毛了，8分到1毛2分之间。

以前都是二三月就开始采了，我感觉到八九月都还有采的，可以一直采到下霜前。

做茶都是男的多。像我们吴宅的吴振则、吴恒森和吴惟藏都是做茶的师傅。以前我们库村有一个茶厂，就在上面，有一株大苦槠树的那个地方。原来茶厂设在那边，有300多平方米的面积。2006年的时候发生地震，破坏得比较严重，就拆掉了。

后坪原来也有一个茶厂。现在那里改种杨梅了。

也有农户自己会炒茶，炒得好的，就会加工成茶干卖给收购站。

## 大哥承包茶厂，后来自己做茶

后来包产到户，村里是我的大哥吴振黄第一个承包集体茶厂。

他自己不会做茶。承包茶厂的时候，那些会做茶的人都留下来了。包括苦槠树旁的老茶厂，以前也是他在用，用了十几年了。村子里的茶叶基本上都是他收购的，一般每天有几千斤。

以前茶青都是用肩膀挑过来的，因为他的茶厂比较大，价格也出得比较高，所以附近都是挑到我们这里来，最多的一次收到了三四万斤。

他一天能做10担到12担茶干。一担，我们那时候以100斤计算。

几斤茶青能做几斤茶干？这跟天气有关。天气一直晴，产量就不高了。下雨，晴晴，又下下雨，这种天气最好。一般的情况下，4斤左右茶青可以做1斤茶干，或者4斤2两左右茶青做1斤茶干。有时候3斤8两茶青也可以做出来1斤茶干，但这种情况是不多的。

那时候泰顺茶叶的销路还是不错的，价格嘛，不高，好的茶四十多块一斤，一般的二三十块一斤。

我大哥承包过来的时候，就已经用机器了。就有揉茶机了。

他做了十几年，基本上都是做“三杯香”。后来他就到罗阳去办厂，这边就我和我二哥在做。

〔注〕三杯香主产于泰顺地区，属于炒青绿茶之列，茶干色似莲子心。香气清幽，香高味醇，因冲泡三次后仍有余香而成名。三杯香的采摘标准是一芽二叶，其加工工艺流程包括摊青、杀青、揉捻、烘二青、炒三青、辉锅、毛茶整理。

但是我们接手之后就不做三杯香了。做三杯香投入很大，没有二三十万的机器买过来是做不了的，因为机器需要很多，揉软要机器，杀青要机器，还要烘干机。

还要请师傅。而且没有五六个人是运作不起来的。

比如说杀青的师傅，他就专门杀青，下一道工序他就不管了；像揉软就专门要一个揉软的师傅。揉软的，不管杀青的；杀青的不管揉软的。还有烘干的人也不管其他的。反正一道道工序都是各管各的。最后一个就是提香了。提香又是要专门的师傅。

我和我二哥做明前茶，只要五六万块钱的投入，还可以自己加工，不用请师傅。投入小，但是收益快。

明前茶跟清明有关系，清明以前做的茶我们都称为“明前茶”。

清明前的茶和清明后的茶，口味是差不多的，实际上天气变暖，如果茶叶加工的环节不出问题的话，做出来的茶比明前茶的口味要好。

但是民间还是想要明前茶。他们感觉明前茶送礼比较有面子。所以时间很重要，茶叶的价格是一天比一天往下跌。

吴振橙老宅。现改造为库村未来乡村空间活化项目之一的“三杯茗香”休闲空间

今天卖30元一斤，明天说不定就28元一斤，27元一斤。做茶就要抢时间。

以前我们每年做茶都是分三批的。第一批是春茶。还有一批夏茶，但夏茶我们一般是不做，为什么不做？因为我们泰顺的夏茶泡出来会有泡沫。秋茶又是好茶的。

为什么夏茶有泡沫？我也不清楚，这个道理我还真讲不清楚。

反正夏茶不收。不是说我们泰顺，就像松阳那边也不怎么收，除非有客户订购。还有，天气热，茶青不好保管也是一个原因。天热茶青容易烧掉。

〔注〕刚采摘来的茶青在炒做前都要摊薄放凉，并晾干茶青上的水分，否则茶青大量堆积在一起，就会使内部形成高度湿热的环境，茶青就会变色若被火焰烧灼过，即行业里说的“茶青烧掉”。

秋茶又是好茶，因为天气变凉了，茶青也好保管了。秋茶的口味跟春茶是差不多的，夏茶的口味可能稍微不好一点。

## 本地茶和乌牛早

我们泰顺的机耕茶，后来慢慢就没有了，因为销量一直在下降，价格上不去。那些园地没有管理也不间种其他作物了，都长满草了。

机耕茶，我们也叫本地茶，价格上不去，跟口感没关系，跟乌牛早有关系，以前我们是没这种乌牛早的。现在泰顺很多人种乌牛早。因为乌牛早的芽头漂亮，颜色好看，做出来比我们本地茶的颜色绿很多。

〔注〕乌牛早是中国古代的名茶，已有300多年的栽培历史，因其出产于温州市永嘉县乌牛镇等地，比其他品种早发一个月左右，故被称作“乌牛早”。

机耕茶就是芽头细，比较松散，不是像乌牛早这种茶叶，芽头很壮。

乌牛早的采摘也会早一点。正月就开始采了， 一个时间早，一个看头好。泡在茶杯里面很漂亮，芽头很壮。

另外，我们本地茶都长在山地园坎上，管理和采摘都很不便。因为毛泽东时代，土地是紧缺的，哪有什么多余田地给你种茶，种粮食都不够吃。所以说这是一个限制。

后来，土地资源没那么紧缺了之后，乌牛早都是种连片的，好管理。乌牛早也可以种在农田。

乌牛早我现在大概有二三十亩。乌牛早说实话我是不怎么自己加工的。就直接卖茶青。

本地茶我都是自己加工。

本地茶我自己也有种，也有去收购一些茶青。因为我的客户都要本地茶，还是当年那个品种，毛泽东时代的品种。

我现在为了做本地茶，还自己去繁殖茶苗，我把芽头比较壮的那种提取出来的，这一根长好了，我就把它剪个20株扦插起来，然后再从20株上面剪，然后又扦插，我种本地茶种了十几年了，才发展到现在十几二十亩这个规模。

那些茶树，一般都不打农药，可能土茶的味道太浓了，虫也不怎么喜欢咬。

我的本地茶，苦味重，你去采片茶青放嘴巴里面咬一咬就知道了。乌牛早的品种虫就很喜欢，它淡。

我的茶基本上都是单芽，我的客户喜欢单芽的，好看。

乌牛早也是单芽，它颜色好看，芽头好看，泡起来好看，但是它的口味没土茶好。我本地茶可以泡三泡，乌牛早呢，第二泡味道就很淡了，第三泡根本就跟白开水差不多。

我的茶一般都是在清明前做，秋茶我不做。做完明前茶，我就把茶树砍掉了。我们有季节的，一般在谷雨的时候就砍掉。然后让它发芽再长。

也不用施肥。平时去看一下，虫子真的很多的话，稍微喷一下，反正现在我们泰顺的农药也都是有机的。

今年我的茶园产量不高，可能做了四五百斤茶干。

我觉得国家有灾难，有疫情，农作物就长不好。这个是真的，我是有体验的。你看乌牛早，前几年我一年都要做35天，今年才做了7天。产量上不来。

## 现在做茶，半机器，半人工

本地茶的加工，我刚开始做的时候，就是用电的，它有高挡低挡，你感觉太热了，就把它打到低挡。用电比用柴火要稳定一点。

但是手还是得用人工的手。

从开始做茶到现在，我们的机器已经更新过好几代了，现在我们有一个全自动的、杀青、理条、成型，都是连在一起的。

我们只要把茶青放上去，它就可以自动完成。不过还是要拿出来，杀青杀出来的条形是比较硬的，要让它软回来，再放上去压扁。压扁的时候，很干的话它会压碎掉，要让它回潮以后变软一点再压。压了之后又放在辉锅机里面，把那些毛脱掉，就清爽起来。

杀青，我们现在机器用电一般是在一分钟左右。现在机器的温度可以达到240多摄氏度，反正不要人手去弄。一分钟左右可以出来，然后摊，然后凉一下，大概要一小时左右，然后再放进去，压的时间也是很快的，重新出来。

因为如果放在锅里面时间长了，颜色做不出来的。时间快，颜色会比较好看，基本上也是在一分钟左右。

这两道工序，就比人工炒茶省了很多的时间。要不然我一天二三十斤茶干做不出来。

实际上做茶是技术活。机器只是提高效率。

说实话，用机器炒的茶，口味不一定比人工炒出来的好，但是条形、颜色，还有香味，这些肯定比手工做出来的要好。

买茶的人，一个条形一个颜色，是最关键的。因为这是用眼睛看的，香味倒是要闻的，颜色看不上，就不买你的茶了。

我们也会加一点茶蜡，那种茶蜡是可以吃的，但是放很多的话，茶泡起来，会有一层浮到上面，我的客户要求不能太多茶蜡，要看不出茶蜡。

我们传统炒茶，是没有加茶蜡的，应该是一些专家想出来的，因为传统炒茶，有时候温度太高，锅里的茶容易焦掉，然后颜色、条形就不好看。

## 关于茶的零散话题

茶叶的质量跟什么有关系？跟气候有关系？

跟气候有关系，气候要比较暖和。因为它是有季节性的，出得早就值钱，出得晚，价格跌一点。

跟土壤有关系吗？

有关系。就如现在我们南浦溪镇炒出来的茶，就数新源村（由原来的新畲与吴源合并）采摘来的茶青加工出来的茶干口感浓，气味香。那里的土都是黄泥巴，沾到衣服上就很难洗掉。所以那里的茶最好。

跟水质有关系吗？

应该关系不是很大。最重要的是跟土有关系。为什么这么说？比如同一个乌牛早的品种，我们南浦溪、包垟这区域的芽头会细一点，雅阳那边的芽头会粗一点。

可能雅阳那边的土壤更肥沃？

对。所以雅阳那片区的茶芽才粗一点。

现在很多茶都种在田里，其实不好?

对。

那是什么原因?

农耕地下面是不漏水的，它以前是打起来，然后上面放一层泥，防止水质流失。山上的土壤是一直下去的，是透气的。茶叶种到农耕地里面，它的根系伸不下去。

所以种在农耕地的茶，质量就不够好?

我也没有很仔细研究。不过田里面的茶叶会比山里面的来得晚，比如说乌牛早，种在山上的，我今天可以采了，田里的茶，最起码过一个星期以后才有。所以应该是下面深的水分没给它拉上来，因为田里的土层就几十厘米深，有水就有水，没水，太阳一晒它就跑掉了。不像在山上，水分是保持的。

跟雾气有关系吗?

雾气绝对有关系。

为什么这几年我们这边茶的品质会越来越好？跟建了水库的关系很大的。比如冬天的时候，每天上午10:00以前还全是雾。以前水库没造的时候，7:00太阳就出来了。

您的意思是雾气对茶叶有好处。

有好处，口味会越来越好。

泰顺农村，如吴振橙所说，在毛泽东时代，都还有自己的自留地。善于利用田地的农人会在自留地边上种几棵茶树，清明前后采茶回家，杀青、烘炒，几道工序之后，装在茶罐里，可以喝上一年。

“那时候没有去外面买茶喝的。没钱买茶给自己喝。”吴振橙如是说。

彼时他们炒茶，所用都是老灶锅，烧柴火。这事老辈人做来不是什么难事，年轻人却嫌烦，宁愿去买茶喝，所以清明时我们想了解传统手工炒茶的工序时，吴振橙表示如今村里会炒茶的，还在炒茶的只有一些年纪大的人。

他帮我们找到了年轻时就跟着父亲学制茶的村民吴银连，现场演示了整个制茶的流程。我们目睹了她制茶的所有工序，彼时她的妯娌在一旁协助。此将吴振橙口述的传统制茶技法做一个回顾——

## 本地传统茶叶加工流程

我们刚采摘过来的茶叶叫“茶青”，要先摊晾开。摊开的茶叶，不能被太阳晒到，晒太阳了，茶叶就松软，就会变红了。要放在阴凉的地方，最好是有点风吹到的地方。稍微水分蒸发掉一点。

这个一般是要摊晾 8 个小时左右。其实是要让它萎凋，以前没那么讲究，摊一两个小时就放进锅里炒了。

茶青摊晾

本地手工制茶全程都在这口铁锅里完成，很考验控制火候的技巧

传统手工杀青

茶叶杀青出锅后进行手工揉捻

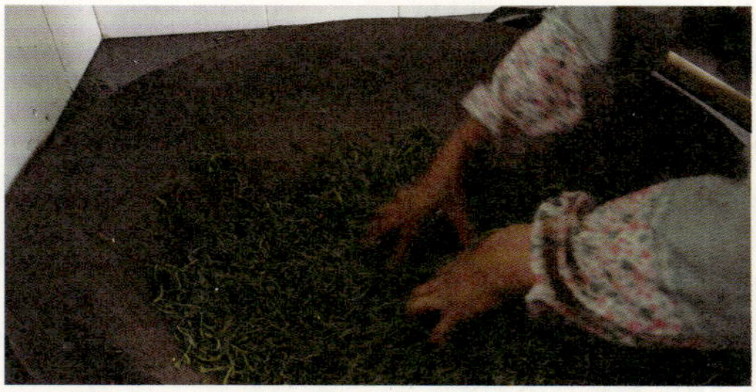

手工烘青

三杯香经过杀青、揉捻、烘青、炒青及辉锅等工序后完成出锅

以前炒茶都是用老柴灶，大铁锅，就是平常我们农村做饭炒菜的锅。火不要很旺的，就是很细的火，杀青。

一般一次放二三两茶青。茶青放进去，我们用五指张开这样不停地抓，上下翻转。杀青了之后，我们又要从锅里把它拿出来。

在锅里的时间，要根据火的旺度。旺的话，时间可以缩短一点，如果慢慢来的话，时间要稍微长一点。这个要靠自己的手去感觉，其实只要摸一下就有数了。根据我的经验，一般都是在15—20分钟，半个小时以内。

从锅里倒出来的茶叶，我们要放到竹篾做的簸箕上摊开，摊开以后，等茶叶条子回软过来了，还要用手搓它。很硬的话，我们一搓就断了。软回来我们随便怎么搓都没关系了。

搓茶比较简单，就是把手放在上面（做动作示范），对，就这样搓。搓了它就卷起来了，就变细了。搓了以后还是要放锅里的。

做的量如果很多的话，手搓不过来的，有些人也用脚踩。脚洗干净以后，人站上去踩。就这样滚来滚去。

然后第二次下锅。下锅后还是得用手这样不停地抓。这时候因为茶叶条形变小了，量可以多放一点。

然后边抓边整条形。整理条形的时间也是要看情况的，有些人怕烫，火力就控制小一点，时间拉长一点。如果不怕烫手，就可以火大一点，时间短一点。总的来说，时间也跟杀青的差不多，或者比杀青的时间稍微多一点。

茶叶在锅里第二次炒了之后，拿出来还要再摊开。

这次就是稍微摊久一点，要注意观察，因为它不用再回软了。如果条形不是很理想，就还要摊一会儿，让它柔软过来，再重新稍微搓揉调整一下。

这是第三次加工，还是要在锅里，在手上加工。手要帮忙捏一下，再放开，慢慢地茶叶条子就会卷起来。要经过好多次这样的重复翻炒。如果香味出来了的话，就可以出锅了。

我们泰顺的机耕茶的制作方式大致就是这样子。本地60岁以上的人都会炒，60岁以下的人像我这一代人，有些人就不会了，手工的茶就不会炒了。

# 日常与技艺　做篾

# 写在前面

我国是竹子的原产国，品种繁多，竹子因其空心、挺直、四季常青等生长特征，被中国文人赋予人格化的精神象征，形成了独有的竹文化，竹子被称为“君子”。

竹子为文人所爱。竹又因其质硬中空、清洁、原材易得等特点，被智慧的人类充分利用：先人早在商周时代就发明了竹钻；世界上最古老的“自来水管”是用竹子制作的，称为“笕”，现今部分农村仍在使用；四大发明之一的造纸术，所用的原材料是竹子；文房四宝之一的毛笔，竹枝即是笔管的上等材料；在湖北随县曾侯乙墓中发现的竹制 13 管古排箫实物，是考古文物中发现年代最早的排箫；中国传统乐器如笛、箫、笙、二胡等的制作都离不开竹。

举目泰顺农村，竹子和人们的关系则更“家常”更“亲密”：人们用笋壳包粽子，竹笋是餐桌上的美食，成竹劈开后的篾片则用来制作各种生活与生产工具：筷勺、椅凳、床席、簸箕、箩筐、晒匾……而其中有些因其制作工艺的精巧、细致，具有一定的审美价值，这也是为什么在各种方便、便宜的塑料和金属制品全面普及而取代了手工器物的现时，还有人愿意花高价钱购买或定制的原因。

访谈对象：夏立江

访谈时间：2022 年 3 月 30 日

访谈地点：南浦溪镇

夏立江，莒江人，为库村包氏女婿，二十几年前从莒江迁来南浦溪镇。夏立江 16 岁开始跟同村长辈学做篾手艺，19 岁出师，之后一直从事做篾技艺，至今已 50 多年。

## 16 岁就当学徒了

我姓夏，叫夏立江。我们这边做手工活的师傅，都叫“老司”。

我今年 72 岁，我是从外村搬过来的，莒江的夏山村，离这里五里路。那里全村都姓夏。我搬过来有 20 多年了。

我娶的老婆是这里人，姓包的。

我原来在莒江那边也是做篾的。我自己家里，父亲他们都种田。我学做篾是我哥哥的主意。他说我在家里没什么出路，不如去学门手艺。

〔注〕做篾，即从事竹制器物的制作。民间称此行业的师傅为“做篾老司”，是盛产毛竹的泰顺地区的一种古老职业。毛竹又名“楠竹”。

我哥哥比我大 8 岁。我老三，上面有两个哥哥，两个姐姐。

我 16 岁的时候就去当学徒了，跟村里的老司，他是同族的长辈，一个篾匠。

16 岁那年，正月元宵节过完，就跟着师傅两个人挑着担子出家门，到福建去了。

双色编织工艺的盂担

这种用两种篾片错色编织出纹饰及文字的还不算是高难度的

泰顺民间红釉米酒的酒抽

衣服要带上一年的。因为九月十月才会回家。棉被不用。我们都住在东家家里。

我们在福建一个个村走过去，寿宁、政和、古城、崇安、莆田……我跟着师傅。我师傅当时二三十岁。

这样跟着师傅走了三年。三年里，有吃有住，没有领工资。收入都是归师傅的。也不太会想家，在外面也好玩。

那时候，福建也还是集体的，生产队有很多东西要做。晒谷子的篾垫、簸箕、箩筐……

三年之后，我 19 岁，就出师了。

那时候学手艺是要拜师的，出师了，那就要挑猪脚去师傅家谢师，师傅就会办一套新的做篾工具给你。我们是同村的人，我们就没有讲这规矩。

出师后，我也带过徒弟，有时候也一个人做。走了很多年了。

现在我年纪大了，前几年摔了一跤，脚不大好，就在家里做。

## 做的东西，都跟竹子有关

我们所有的东西，都是跟竹子有关系。以前出门做篾，竹子是东家提供的，现在不出门了，毛竹我是从自己老家砍来的，夏山那里有我自己的竹林。

做篾用的竹子要三年以上的竹子。生长三年到七八年之间的竹子是最合适的，七八年以上的竹子就没有生机了。

这根毛竹就是三四年的，昨天刚砍过来，还有香味。

竹子多少岁，看它的竹节颜色就知道了。不同年纪的竹子，节的颜色是不一样的，三四年的毛竹，是绿色的。年久了，它就变成有一点灰白的色斑出来了。

竹子一年四季都可以砍，但是不同季节的竹子，水分不一样，春天的竹子砍下来，就水分多，容易生蛀虫。

七八月的竹子最好，不容易蛀虫。

昨天砍下来的竹子，今天破篾就可以的。竹子可以保持一两个月的时间，时间太久了就不好破了，一个月时间，竹子基本会干掉一个竹节。

没有剖开来的竹子放久了，就是两头这里干掉了。用的时候要锯掉一截，锯掉之后，后面的竹子还是有水分的。这是有讲究的。

所以保存竹子的时候，得是完整的一根竹筒，不能把它破成两半，破成两半就会全部干掉。但是，破掉后放一天两天是没关系的。

## 做篾要从破竹开始

做篾，要先学破竹。先把竹子对半破开，再破开一条条我们需要的宽度，再把这一条条的竹片破成一片片的薄片，厚度也是要看需要，就是篾片。

破竹片的时候，我们不是一刀就破下去，破的时候如果一刀下去，就会偏掉。师傅他就会讲，你那样子是破不来的，他讲，刀要一寸一寸地推。

不能急。

要一点一点这样慢慢下去，才能够厚薄均匀。师傅那样讲了道理，我们就会破了。但要熟练还得时间的。刚开始的时候经常会把手弄破。

一片竹片大概可以分 4 层有用的。看用途，有厚有薄。最薄的一层大概就是 1 毫米厚。

〔注〕从一株完整的毛竹到可编织的篾片，竹子要经过破竹、分篾、分层、过剑门刀、刮青、蒸煮、过圆刀等一系列繁复的过程。

竹子这个东西潮湿了容易发霉。有些时候，篾片削好之后，要放在锅里水煮。柴火烧起来煮一个多钟头。那以后不管天气怎样，就放多久都不会发霉了。

## 学徒一般先要学修补

然后就是补篾。刚开始的时候，师傅都让我跟他一起补篾垫，三年里我们修补了很多晒谷子的篾垫，就是插入新的篾片把破掉的部分补好。

补篾垫，就是加三或者加二，那是固定的了，自己看得出来的。

〔注〕篾垫：农村用于摊晒稻谷等物品的竹编垫子，不用时可卷成筒状收纳。

加二就是加两条。加二加三没有什么不同，你打（此为编的意思，下同）密就可以了，打起来不要漏空。如果一条篾打错了，后面就接不下去了。我也有打错的时候，打错了就得拆掉，拆掉再打。

补篾垫熟练以后，打新东西也就手顺，那些都会进到你的头脑中的，好像读书一样，会了就通了。

你会了，什么东西都不会难做的。

一般我们打一个新东西，打的时候要把竖的篾片全部先排好，再打横的。不是一根竖一根横这样打。

像这个圆的篾垫，先中间打一块，然后顺着一周慢慢往外打。

## 做篾这手艺没人学了

以前我们出门做活，一天一块钱。是按天算的，不是按件算。按天算，是有讲究的，比如这件东西，你是一定要两天给他做好的。主人家也是有数的。所以一天干多少活，是有数的。

比如做这个篾匾，年轻的时候半天就可以做好了。那时候就是算 5 毛钱。现在我是搞不起来了，现在要半天多一点才能做完。

现在我都是东西做好了自己卖的，就按个卖了。但是价格的标准也就是按小工这么来算的，现在的小工一天工资是 200 多块。我们做手工的，还是跟时间有关系。

篾刀。做篾最主要的工具，兼具破、砍、劈、削、刮、敲等等功能

部分篾工工具

篾匠工作场景

簸箕外框圈圆塑形中

现在那些老师傅都不做了。现在老师傅的工资一天300多块，我们要吃自己的，毛竹这些材料还要自己的。

以前我们是吃东家的，毛竹也是东家提供。

现在这手艺是没有人要学了。我儿子也不学的，儿子如果做这个赚不到什么钱的，基本生活都难过。

我现在是年纪大了，反正有个手艺，还能动，就在家里做一些。也有人来定做，也有人来买现成的。

## 关于做篾用的一些工具

采访中，夏立江师傅还简要介绍了篾工使用的一些工具和使用情况，比如下面（包括上下文）的几种常用工具：

这个是做簸箕外面的框，先把竹片卷起来一个圆圈，再用竹子做的这个工具固定住。这种方法是师傅传授的，以前没那么多工具，有些就要自己想办法。

这个卡子是可以拿下来再用的。

这就是拉篾用的，这样拉过的篾片整个宽度就均匀。要让篾片厚薄均匀，表面光滑就要用另外一个工具，压住篾片通过一个平的刀口把它刮出来，也是得用拉的。

〔注〕“拉篾”用的这个工具叫“剑门”。使用时一手用竹片压住篾片，一手往后抽拉。篾片经过两片带刀刃的“剑门”，即可削去多余部分，使其宽度一致。

我们篾工的工具各式各样的至少有二三十样。一整套工具，也不很重，以前就是几十斤。现在一百多斤。

现在有的东西机械化了。电动的工具比较方便。像以前那种钻孔的“车钻”，它都是用手动的。现在就用电钻，比较方便省力。

## 夏立江师傅的一些竹制作品

我做的一般都是农村经常用到的东西，比如这个是滤酒用的，只要家里有酿酒的就需要这个，我们叫“酒抽”。红酒酿好了，把这个按到酒缸里去，酒就往里面流，酒糟就留在外面。

我也做竹椅、泥箕、谷斗…… 鸡笼也做，只要有人用的，我什么东西都做。我没做的有人也会来定做。

这个盂担外面我打了“福禄寿全”四个字。一担两头，一头里面有两个屉是可以拿上拿下活动的，一共有三层可以放东西。最上面是盖子，也打了图案。

〔注〕盂担，一种盛器，全套为一对两头，可用扁担担挑，用于送长辈寿礼、嫁娶定亲时送礼等场合。

现在山区里的人还是会来买。这个一担要 3000 块钱，我需要半个月的时间才能打好，要费很多努力。

说起这个盂担，那是说来话长了。当年我师傅接了一个活，就是给新娘的一件嫁妆。他买了一瓶钢笔水来标颜色，打花。那时候没有电，还用竹篾点灯的。他人在这边打，我就钻到他面前看。

后来他实在打烦了，就睡到床上去休息。我就接着打，打到最后，中间这一个“喜”字就给我打出来了。

那个我以前是没有学过的，就是在他边上看看，琢磨琢磨，这样打出来的。

我打好的时候，他已经睡醒了，他说你怎么还没睡，快去睡，很迟了。我一只脚在床上，另一只脚还在地上。就在那时候，旁边大门开了，东家喊：师傅，吃饭了！

原来天亮了。

后来我就连做了三四个。对这个我是有兴趣的。

现在打这些字我就不需要用笔画，直接就打过来了。其实重要的就是编的时候要算好上下的位置，要有计划，安排好每一步。

现在我自己只要心里想的一个东西，就可以把它打出来。因为规则一样的，道理懂了就好办了。

盂担上面打的这个图案黑色的是用山上的一种树叶做的染料，我们叫“蜡烛树”。

〔注〕蜡烛树，即乌桕，其果实种皮富含蜡质，可用来制作蜡烛，故名。

夏天的时候上山，把叶子摘下来和篾片一起放进去煮。煮完了之后稍微晾一下，然后埋在稻田的泥土里面。

大概放十几天以后就可以了，到时要挖出来先看看情况，有时候时间要更长。

红色的是买的色粉，红色粉和篾片煮好就行，就不用放泥土里了。

摘山上的叶子来染色，那是我自己想出来的，不是师傅教的。

泰顺拥有丰富的竹资源，是全省、全市的竹资源大县，全县竹林总面积 23.3 万亩，立竹量 5701 万株，年产竹材 242 万支

## 【节外的话】

历代文人赞竹、写竹、画竹，乐此不疲，如西汉史学家司马迁《史记 · 龟策列传》：竹外有节礼，中直虚空。唐代诗人白居易《池上竹下作》：水能性淡为吾友，竹解心虚即我师。唐代诗人邵谒《金谷园怀古》：竹死不改节，花落有余香。

南宋库村永州教授包湉则写下了洋洋洒洒的《节轩记》，文中言：凡物根荄于一气，以至枝干条达者，莫不有节，而竹特完焉。夫竹，草木类耳，然由寸萌拔十寻，与群品绝异。而其生直，故节正。其质坚，故凝节劲。其心空洞，而纯洁故。抱其节，峻以清，俨以静，斯不惟完节之形，抑亦廉洁之义矣。嗟夫，物必有节而材斯成，人必节而德斯立……

“节轩”原址位于库村吴宅侯林书院旁，为包湉表兄暨同村人吴昙公所建，以四围多竹，故名。包湉这篇《节轩记》，不仅《库村包氏宗谱》收录，《库村吴氏宗谱》及各地《吴氏宗谱》也多收录。可见人们对这篇“咏竹”之文的肯定和重视。

# 日常与技艺　炊事

# 写在前面

“民以食为天”，说的是粮食对于素民的重要性。粮食是一个普通老百姓赖以生存的根本，但人同时有口舌眼之欲，腹饱之余，人们要想方设法满足口舌眼对“色、香、味”的追求，在此基础上发展出来的各种吃食、零嘴、小菜，数不胜数，这些吃食、零嘴、小菜多为当地民众根据当地食材，因地制宜，同时加入自己的想象和创造力，“制作”而成，此后代代相传，成为当地人热爱的传统美食。

在这个意义上，人类的历史，也可以说是吃的历史。

泰顺农村，因所处山地有丰富的物种，这些物种的品性、特征，乃至它们所具有的各种“功能”，都被人们了解到极致，也利用到极致，他们采摘或挖掘各种植物的枝叶、根茎入汤，增味的同时祛风、利湿、养胃……又取植物汁液，经过复杂的工序，使之凝结，成为美味的小食；或借助于时间的作用，改变物品的性状，从而获得符合人类口感或刺激人类味觉的佐料……

凡此种种，形成了自己独特又有地域特色的小食，又因为地理原因，泰顺村落与村落之间相距遥远，交通不便，物品之间的交流不像平原地区那么便利，使得泰顺农村的妇女个个发展出卓越的动手能力，年纪大些的妇女，包粽子、炊九层糕、做豆腐、做豆腐乳、熏兔……无所不能。

如今，随着交通的便利以及生活的快节奏，年青一代的人们不再愿意花时间在吃食的制作上，那些凝聚着先人智慧的传统技艺，一些随着老一辈人的老去和故去，而渐渐消失。一些则被有心人“转化”成商品，一方面满足了现代人对于美食的追求，另一方面，也使得传统技艺得以保留。这些传统技艺，固然也“与时俱进”，如从原始的石磨“进化”到如今的电磨，但在原材料和工艺上，仍然忠实于传统，也保持了它们本真的口感。

访谈对象：包燕月

访谈时间：2022 年 4 月 12 日、4 月 13 日

访谈地点：南浦溪镇库村

包燕月，库村人，为包超庸的三女，生于恒德堂，19 岁嫁到南峤。后因小孙女前往南浦溪镇就学，包燕月回库村居住并开始尝试制作传统九层糕及粽子出售，至今已 18 年。

本文内容为包燕月用方言讲述，文中基本保留了讲述者的方言用词和表述习惯。

## 我是来库村之后开始做的

我叫包燕月，今年 64 岁，1958 年生的。我家是四个姐妹，我第三。我还有三个弟弟。我妈妈是先生三个女的，再生三个男的，最后再生一个女的。

我 19 岁的时候，嫁到南峤。在南峤我们家里也就是种田的。早些年我的孙女要到南浦溪镇这里念书，那时候南峤没有小学了，我就带着孙女过来。到现在 18 年了。

做九层糕这个是我来库村之后开始的。

那时候还没有什么游客，都是卖给当地人。九层糕，我们当地红白喜事摆酒席都要用到的，吃热的。谁想要，就事先约定好，我炊好了送过去。有时候他们会烧一些肉丝汤，当配料蘸蘸，这样更好吃。

罗阳的很多客人来都要买一些带回去，罗阳很多都是用红米炊的，比较软。罗阳是没有这种样子的，我们的有加一些配料。

刚开始做的时候，九层糕一块钱一斤，后来是一块五，后来是两块一斤，两块又涨到两块五。现在是三块钱一斤。

原料也都涨价了，你看这个柴火也涨了很多，那个时候柴火十三块钱一百斤。这种箧匾只要十来块钱一个，现在都要一百块。柴火现在都卖到四十块钱一百斤，柴火都得要买的，一直以来都买。

现在粽子是两块钱一个，豆粽和米粽一样的价格。粽子一般都是在端午前后这个时间做，二月三月到过完端午节，端午过去那就没什么人吃。

九层糕是每天都做的，七月半，八月十五这些节气都要吃，这个时候，随便你多少都卖得掉，可是赶不出来。做这个很费时间，又快不了。

## 九层糕制作简述

九层糕是传统的中国特色糕点小吃之一。“天地之至数，始于一，终于九焉。”九层糕名中之“九”，并非仅九层，意即层数多。亦有长长久久之寓意。

各地九层糕做法不一，就泰顺境内，也因地域不同而所用材料及工艺略有差异。

九层糕，以前家家户户都会炊的，家里炊的比较小个。以前是竹篾编的蒸屉，里面还要铺纱布，放在大锅里，烧水，要靠蒸汽上来炊熟的。

做九层糕的米，也是要先浸泡，然后磨成米浆。以前是用石磨的，米一点点一点点地放，量控制好，磨起来也很细嫩的。现在都用电磨，比较快。

磨米的时候就要把荜茇连根带叶地切碎放进去，混在里面去磨，多放一点就香一点，多少都没有关系。灰碱、槐花米都要有的，我们一直都是这样做，上代传下来的。

〔注〕泰顺一带炊九层糕时都要加点“菖蒲”，它是一种水生植物，当地也叫“荜茇草”，有奇香，具有化湿开胃，开窍化痰，醒神益智的功效。

九层糕金黄的颜色，主要是槐花米的作用，它还能清凉解毒。还有荜茇，是取它的香气，非常香的。加灰碱炊出来的九层糕会很韧，有嚼劲，吃起来口感更好，颜色也好看。

〔注〕“槐花米”，即为槐花的花蕾。它是天然的植物染料、食品色素，可使九层糕呈金黄色。

还要放点盐，米浆磨好了之后才放的。

米浆磨好了要看情况再加点水，浓淡（指米浆的浓稠度）得控制好，太浓了炊出来会太硬，就不好吃，太稀了又炊不起来。

米要用秋米，就是炊年糕、做粉干的那种米。

现在我用的是电热的锅，没烧柴火了。也是蒸屉放在大锅上，大锅里烧水，靠蒸汽上来炊熟。

开始炊的时候，先在蒸屉里放一点米浆，然后隔十几分钟，等米浆有点凝固了，就再浇一层上去，这样一直浇一直浇，把米浆用完为止。

炊完一个要四个多小时，要一直守在那里，不停地忙。做九层糕很耗时间的。

荜茇草

水磨炊九层糕的米浆时要加入切碎的荜茇草

炊九层糕用的蒸屉

九层糕炊熟过程中要不时地重复加入米浆

一个到底总共有多少层，这个没有去记。

荜茇草要去找的，邻近一带有，一般都野生的。那些老房子里面的水沟、水渠边上啊，潮湿的地方，都是以前就有的。

我每次去的时候都不挖多，留一些让它再长，不能让这个东西绝种，农村里大家都要用的。

## 粽子制作简述

粽子历史由来久远，最初是用来祭祀祖先神灵的供品，至晋代，粽子被正式定为端午节的节庆食物。

粽子的做法、用料、工艺，各地各异，泰顺境内的粽子，多为糯米及相关配料等，用毛竹笋壳、箬叶包裹而成，形状多样，如三角、四方、枕形等等，以简素、咸味的米粽、豆粽为主。

毛竹幼竹正在脱去笋壳

我每天都是一早就得来准备。米得泡，豆得泡，笋壳要洗。

米要用糯米。豆是干的，生的新鲜的没用。陈了多年的，也没用，煮不烂。

笋壳要泡软了才能洗，两面都要刷干净，表面有那些细毛。

我们这里用毛竹的笋壳包粽子比较多，因为我们这里没有白箬竹，用笋壳包粽子也比较香。

〔注〕白箬竹，也叫箬竹，竹子的一种，叶片巨大，质薄。本地多用它的叶子来包粽子，或用其作内衬制作竹编斗笠。

笋壳都是我自己去捡的，有时候孩子一起去帮忙，我们要搭车去邻近的岩背、吴源、浦头这些地方。

一般都是每年的四月份，立夏过了几天后就可以去捡了。今年要不捡明年就没有了。

拌入麦豆及配料的糯米

包燕月在包粽子

泡软洗净后的笋壳

用箬竹叶包的粽子有一股竹叶的特别清香

〔注〕毛竹生长有“大小年”之分，以两年为一个周期，大年大量发笋长竹，小年生鞭换叶，交替进行。

笋壳要捡长一点直一点的那种，捡回来要马上晒干，这样子就会白，没味道。

用的时候要把它浸泡一下，然后要洗刷，要把两面的细毛刷干净。

我每次做粽子，一般都是10多斤米。米浸泡透了，洗干净，沥干。豆也要泡软，洗干净了，跟米混在一起。比例？我就是看看，豆比米少一点吧。

然后把这个灰碱水倒进去，拌匀了就好。烧灰碱的柴我们一般是用山落茄，硬壳枧也好。雪里楸也可以，就是颜色比较不会黄。我们上山砍来晒干，烧成灰，然后用开水泡起来过滤。

〔注〕灰碱即植物碱，当地叫“灰碱”，为硬壳枧、檵木（雪里楸）、山落茄等灌木烧成灰，用水浸滤，去掉杂质后的碱性澄清液体。

还有加槐花米浸泡出来的汤，渣不要，这样的话，那就又香又黄，颜色好看。

一张笋壳包一个粽子，有些笋壳比较大张的，撕开两半，可以包两个。米放多少也是估计一下，个头大点小点肯定是会有的。

你看我用了两色的绳子来区分粽子，这个是米粽，这个是麦豆粽。喜欢吃豆粽的人多，喜欢吃米粽的比较少。端午到了就包点肉粽、蜜枣粽、蛋黄粽之类的，平常就是这两种。

包好了就放到高压锅里烧，得烧四五个小时。粽子煮得久一点，透一点更好吃。

以前我们是用席草或者棕树叶来扎粽子，不过那个扎不紧，有时候会散掉。

我现在是用棉纱的，有些人都用塑料的绳，那个吃不好，有毒的。虽然价格是便宜一点。

## 【后记】

包燕月制作九层糕和包粽子的作坊，就设在她的娘家，恒德堂。

如包燕月所说，20世纪五六十年代，她还未出嫁，虽然物质匮乏，但每年重要节日，还是要隆重地过。“有一年过重午（即端午节），包粽子，那时节没米，米很少。我阿婆去外头买了点麦豆来，又去买了一些小麦，麦粉磨好，放水进去和麦豆拌一起，这样包粽子。我那个三弟，他吃又很想吃，但是吃是真的不好吃。他咬两口又放下来，咬两口又放下来…… 那时节他还小。”包燕月回忆彼时情形，虽是几十年前的事，仍历历在目。

她说自己包粽子和炊九层糕，就是以前在娘家时，看着大人们做，看着看着就学会了。

她又回忆起彼时两个家族共居恒德堂的情形：“隔壁和我们不是同一个祖先的，他们是三兄弟，后来有一个生了七个儿子。他们七个，我们这边也七个，两边都很要好的，有时上山砍柴都互相约的，一起去。以前逢年过节都请祖宗（祭祖）的，在这里大厅，各家自己摆一桌，现在没人做了。”

现在恒德堂的居民，过世的过世，在世的都陆续搬到外面新房子住，偶尔会回来走一走。只有包燕月，因为要炊九层糕，包粽子，每天都会来开门。院子里晾晒着她山上捡来的笋壳，游客路过，好奇探头，一些人进得院子，跟她攀谈，她也总是会热情回应。

纵观库村古民居，但凡有人居住，样貌就端正清洁，花木扶疏；久无人居，便显露出颓败的气息。可见建筑需要被“关注”，被“善用”。

现在，随着库村古村落逐渐被外界了解、熟悉，渐渐有外乡人开始对它产生兴趣，乃至从遥远之地而来，在古村落寻找合适的民居，定居并生活，他们被称为“新村民”。他们的到来，或许会为古村落注入新鲜血液，改变“古村落越来越空寂”的局面，从而焕发新的活力。

| 恒德堂

# 后记

# [ 后记 ]

至此，《时间的记忆·库村口述历史》暂告一个段落。需要说明的是，关于库村的历史，这本书所记载和呈现的，只是千年光阴中的小小部分。从库村始祖包全公和吴畦公肇基至今，这千年光阴中所孕育的生命，以及这些或平凡或不平凡的生命在他们有生之年所留下的事迹，一些通过文字或口传的方式流传至今，一些则遗落于时间的长河，被人们的记忆所遗忘，而今人如我们，无法穿越时空，追索过往的真实，只能兴叹。

在这个意义上，保存记忆也因此更显得重要，因为时间的洪流滔滔往前，“现在”最终也会变成“过去”，“现在的我们”也终将成为“过去的我们”，成为历史的一部分，而这些记忆资料，如今通过文字的方式保存，对于未来而言，想必也是珍贵而重要的。

所以在此，我们要感谢所有被采访的口述人，感谢他们愿意抽出时间与我们交流，尤其是那些年长者，他们关于过往的记忆，很多都带着苦痛，但他们依然愿意敞开心扉，与我们分享；我们也感谢在这整个过程中给予我们大力支持的村干部们，他们为我们搭起了很好的与村民沟通的桥梁，不仅为我们提供线索，也为我们提供工作上的便利。其中一些村干部自己也成了口述者，因为他们是包全公和吴畦公的后裔，他们也是这个村落的一分子。

有了他们的支持，这本书才得以顺利完成。

当然，因为时间和水平有限，《时间的记忆》这本书尚有不足之处，比如书中提到的“待考”，因为没有确凿的资料可以证明“真伪”，依然保留开放性的状态，留待未来有机会厘清；另外，因为篇幅所限，库村历史中一些重要的人事以及现存的古建筑，我们也尚不能全部收录于本书，也留待未来有机会再整理出版。